教育哲学問題集

教育問題の事例分析

宇佐美 寛

東信堂

はじめに

教育に対する問題意識をどう作るべきか。つまり、問題をどう発想すべきか。それを、なるべく具体的に書きたい。問題の例を挙げたい。

特に教育哲学(者)は、教育現実の問題をどう哲学的にとらえるべきか。それを具体例を用いて書きたい。

しかし、私は前著『教育哲学』(東信堂、二〇一一年)をも、同じ意図によって書いたはずである。当然である。教育哲学研究は、「教育の問題をどう見出し、それにどう対処するかをどう自覚するか。」という問いを必ず、その中核的部分に含むべきものだからである。

しかし、あの『教育哲学』という著書だけでは不十分である。あの本は、教育哲学方法論に紙幅を費やし過ぎて、中途はんぱである。問題に対する対処の論述は、特に手薄であった。

今度こそ、教育哲学(者)が、実際にどう働いたか、つまり、私は「教育哲学」の名においてどんな仕事をしたかの具体例を書きたい。「なぜ、そのような具体例が要るのか。」や「その具体例をなぜ選んだのか。」等の方法論的問題は、前著に書いたつもりであり、本書では避ける。

私が、教育哲学研究のための問題だと思う部分は、**ゴシック体**で示したり、**?**を付けたりした。問題に対する私の答は、かなりの程度、書くのを禁欲した。まず読者諸賢に考えていただきたいからである。あくまでも、問題発想の本にしたいからである。

読みなおした。安心した。

これならば、大学だけではなく、広くどの学校の教師にも、関心を持って読んでもらえる。教育現実についての私の問題意識を共感してもらえる。私の怒り・憂いをわかってもらえる。

東信堂社長・下田勝司氏は、右のような本書の志に対し、御理解・御助力を賜わった。心より御礼申し上げる。

二〇一三年四月一六日（七十九歳の誕生日）を前にして

宇佐美　寛

教育哲学問題集——教育問題の事例分析　目次

教育哲学問題集

——教育問題の事例分析

序論「研究者人格」

I

教育学は、教育を研究する学問である。

教育学の一部分である教育哲学も、当然、教育を研究する。哲学的方法によって、教育を研究するのである。

だから、教育思想家の言説の祖述・紹介だけした作物は、教育哲学の研究業績の資格が無い。その研究者自身の発明・発見が無いのだから、「研究」の名にも値しない。〈研究〉とは、今までだれも言わなかったことを見出し創る発明・発見なのである。他人が創ったものの受け売りは

〈研究〉ではない。

他人の研究の祖述・紹介を自分の研究として発表するのは、卑劣・卑屈なことである。自分自身に誇りが無いのだろう。

教育は、きわめて広範囲の営みである。

私は、約五十年、主として教育課程・教育方法の範囲を哲学的方法によって研究してきた。

（巻末の「著書目録」を見ていただきたい。三一〇―三一四ページである）

特に、国語教育と道徳教育を対象とした研究を公表してきた。

国語教育については、例えば次の著書を出した。

『国語科授業批判』（明治図書、一九八六年）

『読み書きにおける論理的思考』（明治図書、一九八九年）

『新版・論理的思考――論説文の読み書きにおいて――』（メヂカルフレンド社、一九八九年）

『「議論の力」をどう鍛えるか』（一九九三年、明治図書）

『国語科授業における言葉と思考』（一九九四年、明治図書）

『国語教育は言語技術教育である』(二〇〇一年、明治図書)
『「分析批評」の再検討』(二〇〇一年、明治図書)
『「文学教育」批判』(二〇〇一年、明治図書)
『作文の教育――〈教養教育〉批判――』(二〇一〇年、東信堂)

また、道徳教育については、例えば次の著書を出した。

『「道徳」授業批判』(一九七四年、明治図書)
『「道徳」授業をどうするか』(一九八四年、明治図書)
『「道徳」授業における言葉と思考』(一九九四年、明治図書)
『「道徳」授業をどう変えるか』(二〇〇五年、明治図書)

このような著書こそが、まさに教育哲学の書物なのである。(私は、国語教育・道徳教育の領域で、教育哲学者でなくては言えない「一味違った」主張をしてきたつもりである。)
私は、前著『教育哲学』(東信堂、二〇一一年)において、次のように述べていた。(一六七ページ)

教育哲学は、既に述べたように、概念の学である。ライルの言を借りれば(四九ページ)「概念の習慣」ではなく、「概念の訓練」を行うことなのである。

右のように、教育哲学は、教育の様ざまな分野に入り込み、概念を鍛えるのである。

例えば、黙って見過ごせないような異常・不正・混乱の事態が有る。それに気づいたならば、教育哲学は出動し、この事態に対処する。その分野の諸概念を分析・批判し、問題の所在を明らかにする。

教育哲学は、教育の広い範囲に攻め進み、このように戦うべきである。私は、教育哲学の研究を「戦い」だと思っていた。そのつもりで研究してきた。

諸領域でどのような内容・方法の授業を行なったのかを、本書に書く余裕は無い。巻末の著作目録に依って、私の著作物を読んで確かめていただきたい。

私のどの本を読んでも、「この本は、まさに教育哲学の本である。」という事実を確認していただきたい。外国人の著作を有難がり、その祖述・紹介に甘んじている凡百の「論文」と比べていただきたい。どちらが教育哲学なのか、見きわめていただきたい。

自分で発明・発見をするという思考が欠けている文章を「哲学」と呼ぶことは出来ない。当り前である。そして、発明・発見とは、それ以前の研究に対する異議申し立てである。戦いである。

もちろん、教育哲学が「入り込み、概念を鍛える」べき分野は、教育の研究・実践の全分野を視野に入れるべきものである。私の場合(能力の限界が有って)、主として学習指導の分野での教育哲学だった。しかし、生活指導であろうが、教育行財政や学校経営・管理であろうが、教育哲学の活躍の場であり得る。いや、そうあるべきなのである。(例えば、畏友宮寺晃夫氏の近年の著作は、教育政策研究の分野での働きをなしている。)

右の論理は、〈教育社会学〉という例を考えれば、よくわかる。

社会学的方法で、教育の多様な分野・問題に関わる発明・発見がなされてきた。

もし、「教育社会学とは何か」を明らかにする学問が教育社会学であるなどと言ったら、失笑されるだけである。

また、欧米の教育社会学者の言説を紹介・祖述しただけの文章は、教育社会学の研究業績とは見なされない。

〈教育哲学〉は、右の教育社会学のけじめを学ぶべきである。教育社会学は、社会学的方法によって、教育を研究し、発明・発見を行う。教育哲学は、哲学的方法で教育を研究し、発明・発見を行う。

これが進むべき王道である。

だから、教育哲学者は、教育の何らかの分野について、他の教育研究者と張り合える(同等に評価される)くらいに知っていなければならない。教育の現実について何も知らないでも(教育の現実の認識を欠いて、それに頼らないでも)出来るような教育哲学研究とは何ごとか。要するに、教育現実からの逃避に過ぎない。

前著『教育哲学』は、まさに右のような主張をした本である。

あの本に対しては、批判が有るのかもしれない。

私は、代案を出し得ない無責任な「批判」など、気にしていない。「文句が有るなら、あの本の代りに一冊書いてみてくれ。」と言いたい気持である。

一冊書こうとすると、教育哲学がするべき仕事を具体的に示さざるを得なくなる。自分が行なった仕事を見本として示すことになるはずである。教育現実の重さ・複雑さを実感し、まじめに思考するようになる。教育現実にどう対処するかを精密に考えるようになる。

「哲学の生命は疑問である。」(前出の著書『教育哲学』iiiページ)

では、疑問をどのような方法で作るのか？

「教育哲学は右のような論理概念を使って新たな概念を創る(教育を考える新しい観点を創る)概念発明学である。」(『教育哲学』四九ページ)

では、どのように創るのか？

「哲学は諸々の概念を分析し、作り直し、透明にする学問である。」(『教育哲学』二七一ページ)

実際、どのようにするのか？

本書では、右に付けた三つの？に対応し答える。

私自身の思考の具体例を示すことになる。

以下、この思考過程で私が考えた問題(疑問)は**ゴシック体**で書き、かつ**？**を付けて示す。

このような問題こそが、教育哲学者が考えるべき問題である。念を入れて考えてもらいたい。問題に対する私の答えは、書かれていない場合も有る。読者に考えていただきたい。

また、書かれている私の答えの正しさを主張するつもりも無い。要は、教育哲学者が考えるべき問題の例を示したいのである。教育哲学という学問が研究すべき問題の例を若干示したいのである。

Ⅱ

十年ほど前に、拙著『大学の授業』(東信堂、一九九九年)についての「合評会」が行われた。「合評会」をしてくれたのは、教育学の大学教員六、七名であった。いずれも私より若い人たちである。

あの『大学の授業』を読んでくれた人はわかるはずだが、あの本を批評するのは、たいへん難しい。

なぜか。あの本は千葉大学における私自身の授業の改革を報告している実践記録の本だからである。

本を批評することと、私の実践を批判することとの関係の見きわめが難しい。**自分では授業改**

革の実践を何もしていない者に、私の実践を批評する資格が有るのか？——実践そのものと、それに対応している文章である実践記録との差違・関係の問題である。いわゆる「出口」論争において顕在化した重要問題の一つである。

「自分で自覚的に改革の努力をしていない者が、何を言うか！」という抗議は、単なる反感に起因するものではなさそうである。自分自身で実践していないと知り得ない様々な事実が有る。それが書物の文章では全部は伝え得ないのである。

だから、あの本の合評会は成立不可能だった。評をなし得るような実践をしていない若手教員が集まっても、合評会にはならないのである。せいぜい著者・実践者である宇佐美に対する質問会でしかなかった。

例えば、あの本での報告・主張の重要事項の一つは、「講義をやめる」である。つまり、五分以上も教師が話しつづけ学生をたるませ、ぼんやりさせる悪習である講義をやめるのである。他の教育方法に代えるのである。

このような改革をしたことが無い者が、この改革がわかるのは困難である。

そして、前著『教育哲学』の研究会についても、同様のことを感じた。

あの本自体を批判することは困難なのである。あの本の基盤は、前記のように、主として教育課程・教育方法の範囲での私の教育哲学の研究だからである。『教育哲学』という本そのものは、この基盤の存在意義を宣言する「導入」的部分なのである。

だから、教育の実践のどの範囲についても研究業績が無い（教育現実について何も研究していない）未熟な「研究者」には、あの『教育哲学』という本を批判する資格も能力も、まだ無い。代案を出すくらいにまで勉強していなければ、批判は出来ないのである。

「研究会」は成り立たなかった。「質問会」あるいは「講習会」とでも称すべき会合であった。


この研究会の初めに、私は参会者の全てを「……君」と呼ぶ旨を言った。どの人も、私よりもはるかに年下であり、「……君」と呼ぶのは自然であった。つまり、この発言の意義は、男女の性別を無視し、女性をも「……君」と呼ぶということに過ぎなかったのである。

ところが、すぐ、それに続けて、ある若い大学教員（おそらく三十代）が、「宇佐美先生を尊敬しているが、『……さん』と呼ばせてもらう。」旨の発言（宣言）をした。

とっさのことだったので、私は何も言わなかった。つまり、結果として、彼のこの呼称行動を容認したことになってしまった。

しかし、間もなく私は後悔した。彼の発言内容が、あまりに未熟・粗雑だったからである。「こんな程度の若僧に『さん』呼ばわりされたくない。」と感ずるのは、当然・自然の人情だろう。だから、後からでも、そう言えばよかったのである。「もう、『さん』をやめて、『先生』と呼んでくれ。それが、君と私との力の差に合っている。」とでも言えばよかったのである。

ところが、私はそれを言わなかった。後悔した。「おれは、何とやわな、弱い『研究者』であることか。『寛』とは、まことに『名は体を表わす』だ。」と思った。


学界の一部分で、次のような思想が働いているのだろう。

研究者は、研究の場では(いわば真理の前には)みな平等だ。だから、世俗の敬称のルールは、やめよう。対等の呼び方にしよう。」

この思想をどう評価するか?

この思想に対しては、例えば次のような批判が有り得る。
1. そんなにも意識的に、無理をして平等に「さん」呼ばわりする不自然な装置を設定しない

と、研究内容の平等が保てないのか？　そんなに外形の平等に支えられないと萎縮して、内容が平等の発言が出来ないのか？

内容が貧しく不安定だから、丁寧で謙遜した言い方での発言が出来ないのだ。不安になるから、「さん」呼ばわりで支えているのだ。

本当に内容に自信が有る人は、丁寧度を適切に使い分ける礼儀を心得ている。（大学の弁論部にいた。議論が強い先輩は、皆、おだやかで丁寧なもの言いの人だった。『教育哲学』一八三―一八四ページ参照）

2. 研究会というものは、メンバーの間の力量の差があまり大きくては成り立たない。ところが、全ての人を「さん」と呼ぶことで、若い未熟な者が、自分が成熟した人と並ぶ力を持っているという幻想に支配される。有害な言葉づかいである。

私は、自分が教えている学生に対する言葉づかいについて、同様の原理を次のように書いていた。（宇佐美寛『大学の授業』東信堂、一九九九年、二五―二六ページ）

> 読者の中には、学生に対する私の言葉使いがあまりに威張っていると思う人もいるかもしれない。

まず実状を知らないでの批判は御遠慮いただきたい。

使う言葉の種類は、大よそ次の範囲である。

相手についての代名詞……「きみ」・「おまえ」（男子にも女子にもそうである。）

自分についての代名詞……「私」・「おれ」（私は自称には、ほとんどこの二つしか使わない。自宅では、「おれ」である。）

命令文……「前に座りなさい。」「前に座れ。」

この範囲どまりであって、学生に対しては、これ以上ていねいな言い方はしない。

この範囲で、相手・事柄・状況等によって言葉使いを変えている。つまり使い分けしている。

例えば、四階の窓を開け携帯電話で大声で話している男子学生がいる。（窓は私の研究室のすぐそばである。）私は、彼をこづいて言う。「やめろ。仕事をしている人がいるんだ。」

また、授業中、廊下を大声で話しながら通る連中をそのままにしておくわけにはいかない。授業を受けている学生に「教師はこういう騒音をそのままにしておいていいのだ。」と教えていることになる。私は一喝する。「うるさい。授業中だ。」教室にもどり、マイクにむかってぼやく。「あのサルどもが……」。それにつづけて短歌のようなものを詠み、ひろうする。「傍らに人無きごとくわめきあふ学生どもは猿（ましら）に似たり」

私はもっとていねいに言わないといけないのか？　そう思うなら、代案を示し実行していただきたい。

それにしても、この頃の学生はうるさい。（いつか廊下で大声で立ち話をしている三、四人の男どもがいた。一喝したら、その中の一人はわが学部の若い助教授だった。困ったものである。）念のため（わが学部の名誉のため）言うと、他の学部の学生も同様に傍若無人の大声をたてる。図書館に一時間もいればわかる。ちなみに「『何言ってんだよ』と、くってかかってくるがらの悪いの」（七ページ）は、工学部の学生だった。

私が意識しているのは、学生に対しててていねいな言葉使い、対等の言葉使いはしないということである。彼らは、いたって未熟・粗野ながきにすぎない。一人前あつかいしたら、自分が相当なおとなだという幻想を持ち、甘ったれた怠惰な人間になるだけである。

私は学部長時代、卒業式の学部長挨拶で次のような言葉を言った。

「今日は皆一応着飾り整った服装をしているが、こういうのを『馬子にも衣装』というのだ。幸か不幸か未熟・未発達のまま卒業できてしまったのだという自覚を持って、これからしっかり勉強してもらいたい。」

ところが、旧友のＦ氏からの批判の手紙をもらった。次の趣旨である。大学院生当時の指導教官であるＫ教授は、若い院生に対しても、一人前の研究者に対するような丁寧な言葉づかいをなさった。これで、大学院生の自尊感情が高められ、研究意欲が強まるのだ。

私（宇佐美）も、学部一年生の時、大教室での講義であったが、Ｋ教授に教えられた。ナチス・ドイツ時代の交換留学生であられたという長老格の教授なのに、確かに丁寧・温厚なもの言いをなさる先生だった。翌週の休講等の変更事項を告げる時も、理由を言われ、さらに「よろしゅうございますか。」と言われた。一年生としては恐縮するばかりだった。

研究・教育の場における言葉づかいについて書いてきた。ここから教育哲学は、どのような問題を創り得るか？

Ⅲ

前記の研究会の数日後に、私は、その時の出席者に資料を郵送した。研究会当日は時間の制約も有って話せなかったことを書いた資料である。

ところが、この郵送に対して何らかの対応の返事をくれた者は、ほぼ半数に過ぎなかった。お礼はおろか、受けとったという事実の確認さえ知らせてこないのである。「梨のつぶて」である。

この場合が例外ではない。「いつものこと」である。つまり、大学院生や若手の大学教員は、かなりの率でこういう一方的な態度である。コミュニケーション無視の自己中心的な(「自己チュー」の)態度である。

私は、かつて、たまりかねて、次のような文書を作った。機会有るごとに、大学院生や若い大学教員に手渡すことにしている。

学界におけるコミュニケーション作法
――大学院生諸君に――

宇佐美　寛

学問に関わる情報(ニュース・資料・助言・批判……等)をもらった時は、必ずそれに対応する返事を書け。

何も言わずに、「梨のつぶて」状態にするのは、一般社会においてでも、無礼である。(君は一応の高学歴の人間と見なされているのだ。)相手は気をつかい、労力をついやしたのである。それを黙殺されたと相手は思い、不快になる。もう二度と情報はくれない。事実も教えてくれない。意見も言ってくれない。これで君の世界は狭くなる。

少なくとも、次の三点は相手に知らせるべきである。

1. 「情報を頂きました。」という確認。
2. 「ありがとうございます。」という感謝。
3. 「よく読み勉強させていただきます。」という態度表明。

一般の学校でも、教員は「ほうれんそう」を意識することが期待されている。(報告、連絡、相談である。)

思考とは、情報の内的処理・統御なのだから、上記のような、情報システムの無視をやっていれば、頭が悪くなる。(平たく言えば、自己チュー、ずぼら、アバウトで頭が良くなるはずがないのである。)

このような「梨のつぶて」の無礼な目にあわされた学界人(多くは大学教員)は、どう思うか。「こういう基本的なしつけもしていない大学の学生なのだ。こんな大学から採用するのはやめよう。」その人だけがそう思うのではない。彼(彼女)は他の人にも上記の感想を話すであろう。悪い評価は拡がる。

君は、手きびしく批判され低く評価されたので、返事が出せないのかもしれない。しかし、黙ったままでいると、相手はどう思うか。「まだろくに勉強もしていない若僧のくせに、プライド過剰なのだろう。」「学問には批判が不可欠なのだという大原則も教わっていないらしい。研究者には不向きだ。」

若い時に批判されるのは、当然である。ありがたい刺激だと思うべし。

どんなに批判されたとしても、前記の1・2・3の要点は書ける。それさえしないと、事態は悪くなる。

（宇佐美寛『作文の教育』東信堂、二〇一〇年、一三四―一三五ページ）

この作法の重要性については、右以外の説明も考え得る。

例えば、他人の思考の表現を粗略に扱う者は、当然、自己の思考についても粗略な態度になる。注意の行きとどいた重厚な研究は、出来ない。

また、情報を無意味に長時間、放置してはならない。情報の刺激を生かさねばならない。外部の他者との関係における情報処理は、自己内部の思考における情報処理と密接に関係している。他者とのコミュニケーションにおいてずぼらな者には、緻密・入念な思考は出来ない。

だから、私は研究上の情報（図書や論文の寄贈も含まれる。）をもらった時は、なるべく早く返事を出す。一件もらったらば一回返事を出す。つまり、「一―一の対応」の原則である。

弟子にも、この言動原理を要求する。

私は、本や論文のような作物（研究の所産）をもらった時は、もちろん意見を書いて送る。（ほめる場合だけではない。あまり粗雑な内容の場合には、「こんな粗末なものを送ってくるな。」という趣旨を書く。）


右のような主張は、「生活が陶冶する。」という命題と関係が有るのではないか？

教育哲学の思考のためには、それを支える言動のルール（つまり生き方）があるのではないか？


右は、多くの人が（言わないが）思っていることかもしれない。

「研究者人格」とでも言うべき概念を明確に構想すべきではないのか？

（平易に言えば、）あまりに自己中心的で、他者とのコミュニケーションにおいてずぼらな人物に接すると、「これは、教育哲学の研究には向いていない人だ。」と思うだろう。当然である。

Ⅳ

前記のように、私は研究会に出席していた人に資料を郵送した。使った封筒は、福島県立会津若松看護専門学院のものであり、この校名が印刷されていた。ある若い大学教員が、郵送に対するお礼の手紙の末近くに、次のように書いていた。

なお蛇足ながら、先生が書簡を送られる際に、封筒を流用なさるのは、是非ともおやめになった方が良いと思います。私に頂いたお手紙の場合、福島県立会津若松看護専門学院の封筒を使用なさるのは不適切です。

右の文言は、教育哲学的思考をおおいに刺激してくれる。宝の山である。

右の文言について、どのような（教育哲学研究の内容となり得るような）研究問題を見出すか？

多くの問題が有る。本書一冊では書ききれないくらいである。若干の例を挙げる。

1. 私はこの封筒をその学校から盗み出したわけではない。もらったのである。普通このような場合、もらうさいに、もらう理由・目的を話すにきまっている。それが自然・当然である。つまり、私とその学校とは口頭の契約を結んだのである。

この契約の内容（つまり、私とその学校との意図）を知らないで、当事者でもない第三者が、なぜいきなり干渉できるのか。

2. あるいは、その大学教員は「研究資料を送るのでも、私あてに新品の封筒を使わないのは無礼だ。」とでも言いたいのか。それなら、明瞭にそう書くべきである。しかし、彼は、そのような社交儀礼的レベルで威張り得る立場ではない。（私の息子くらいの年齢なのである。）

3. 彼は、私たちの「契約」に干渉し得るような利害関係を持っているのか。そのことを自覚しているのか。要するに、その立場にはない者が、無責任に言いがかりをつけたに過ぎない。

4. 彼は、私がなぜその封筒を使ったのかを知らない。知ろうともしない。だから、なぜ、この封筒の使用が「不適切」なのかという理由も書けない。事実を知らないならば、考える材料が無いのだから考えるべきではない。考え得ないことは、書くべきではない。

理由を示し得ないのならば、相手（宇佐美）の行動を「不適切」だなどと評価すべきではない。

5. 「なお蛇足ながら、」とは、何ごとか。相手の行動の根拠を知った上で、正確・詳細にその行動を批判するべきなのである。一所懸命に論ずべきなのである。

「蛇足ながら、」とは、「そのように入念に考えなくてもいい。結論は自分にはよくわかっているから、説明抜きで言い聞かせる。」という思い上りの態度である。

「蛇足」という語の意味を彼は知らないようである。

蛇はもう描けているのに、わざわざ足まで描くことである。「十分完成しているもののあとに付け加えるよけいなもの。」と『新明解国語辞典・第七版』は言う。そのとおりである。ところが、彼の手紙では、前出の引用部分よりも前には、封筒の話など無い。唐突に言いがかりだけを書いたのである。蛇は、まだどこにも描かれていない。

彼は「横道にそれた別件ですが、」「脱線ですが、」とでも書くべきだった。（英語での前置きならば、This is an outside matter but … とでも言うところだろう。）こんなに低学力の人物には、おとなの言動に干渉する資格は無い。彼の言葉は本当に意味がわかって発せられているのかどうか疑わしく、対話など成り立ちようがない。彼の成長度が不十分なのである。

よく知らない事柄について考えてはならない。考えるよりも、調べ、知るのが先である。外国の思想家に盲従し、その紹介・祖述ばかりして、それが研究であると錯覚している「研究者」には、教育の現実を調べ、知る力が無い。調べ、知る必要性すら感じていない。

また、現実の事実を知らないのならば、その事実について発言すべきではない。特にそれに関わっての他者の批判などすべきではない。研究者として守るべき当然のルールである。

彼とは数回、手紙を交わした。

彼は次のように言う。

「第二に、封筒の購入代金は誰が負担したものか、お考えになったのでしょうか。福島県立の学校ですから、常識的に推測すれば福島県の公費から支出されているはずです。東日本大震災の被災地、そして何より原発事故の一番の被災地である福島県です。」

「県民の血税により購われた学校の封筒をたかだか私信のために何枚も流用されたのでは、福島県民はたまったものではありません。封筒は宇佐美先生ご自身の私費でお買い求めになるべきです。」

まったく見苦しい思い上りの浪花節調である。事実を知りもしないで、お説教が出来る立場にいると自分の位置を錯覚しているのだろう。度しがたいアホである。

教育・研究における「公・私」とは何か？　現実の事象をどういう基準で、公あるいは私と判別し得るのか？

一応の教育哲学研究者なら、(右の引用のような浪花節調にならずに)こう冷静に考えるべきなのである。

私はその学校での集中授業の講師だった。作文を教えた。その一部分として、手紙の書き方を教えた。そのために封筒を学生全員(二四名)に一枚ずつ配った。

問う。この封筒は宇佐美が私費で買うべきものか。

授業に必要な教材は公的に保障されるべきである。当然である。だから、私はこの学校の封筒を配ったのである。

しかし、これは練習である。実際に切手を貼って投函するのではない。各自が手渡しで提出するのである。この封筒を練習一回だけで捨ててしまうのは、もったいない。だから、字は鉛筆書きにさせた。後で、消しゴムで消して再利用できる。

私は学校側に、この鉛筆書き封筒を再利用なさるかどうか、たずねた。要らないのならば、宇佐美が研究・教育用に再利用する旨を言った。そうしてくれとの返事だった。(ちなみに、この学校は間もなく閉校の予定である。私が教えたのが最終学年であり、もう新入生は来ない。封筒は余るだろう。)

だから、研究資料を送るのに再利用した。

「この過程のどこが悪いのか。」彼にこう問うた。

彼からは何の返答も無かった。返答できるはずがない。マンガ的思い上りである。

よほど私に文句をつけたいのか、彼は時々、次のようなあやしげな事を書いてきた。

「白紙に封筒をコピーしたものを人数分印刷して学生の練習用にした方が良いのではないでしょうか。」

ある実践の経験が無い者に、その実践の批判が出来るか?

右の「その実践」をきわめて厳密に解釈するならば、私以外の他者はだれも私の実践を批判できないことになる。対象である学生が異なり、状況も教材も方法も……異なっているのだから、私の実践は、私以外のだれにもわからないことになる。

しかし、実際には、そのような結論にはならず、他者による批判は意義が有り、批判された私も納得する。

なぜ、そうなるのか？

その場合、批判者の経験した実践は、私の実践と共通の要素を持っているからである。

この場合で言えば、「専門学校一年生（それくらいの学生）に対する〈手紙〉指導」という要素が要る。

この大学教員には、この共通要素の実践経験が無かった。これくらいの年頃の学生に手紙の書き方を指導した経験が無かった。

だから、封筒という紙の袋が持つ教材・教具としての意義は、全然、想像も出来なかったのである。

実践すれば、わかる。封筒には、送るべきレポートと挨拶状との二枚を入れることになっている。ところが、どちらかを入れ忘れる学生がいる。また、入れるべき紙にしわがついている状態が有る。封筒に入れる入れ方に無理があって奇妙な折目がついている状態も有る。

このような場合に対処する指導が要る。もし、彼が言うように、一枚の白紙に封筒の絵を印刷して間に合わせたらば、この袋としての機能によって学習する機会は失われたはずである。彼のように経験無しに思いつきを言うと、そうなる。

前述したように、学生はその封筒に、各自、住所・氏名を鉛筆で書いた。それを私は消しゴムで消して再利用した。

これに対し、彼は書いてきた。

「消しゴムで消した跡とはいえ、鉛筆で書かれた内容が読み取れます。学生の氏名・住所は保護されるべき個人情報です。それが外部に漏れてしまっている訳です。先生が封筒を流用されることによる一番の被害者は、この学校の学生たちです。」

消した跡が読みとれるはずがない。だから、私は彼が読みとった氏名・住所を書いて私に知らせてくれるようにと要求した。案の定、何の答えも無かった。悪質な(相手をおとしいれるための)はったりであった。

彼は、このように言いがかりをつける。私が反撃する。彼はもう答えられない。謝りもせず他の言いがかりのたねへと移動する。

教育哲学では、負け方を教えるべきではないのか？

つまり、論点を移さずに、その論点に即して、何と何とが異なり、何と何とが同じなのかを明確にする(異同のけじめに自覚的な)思考を育てるべきなのである。当然、負けは負けとして正直に認めることになる。自分の言説について、誤りである範囲を認めるのである。もちろん、見きわめがつかず、まだ誤りとは言えない範囲をも示すことになる。自分の方が正しいと思われる範囲をも示すことになる。

古来、退却戦が見事に出来るのが名将軍だと言われる。この場合も、いさぎよい退却をすれば、傷は軽くてすむ。（そうしないで、道理を欠く浅薄な反抗を続けるから、傷口はますます大きくなる。つまり、このように宇佐美にいつまでも攻めつづけられる悪状況におちいるのである。）

後述するが、いわゆる「出口」論争における東京大学の二氏（吉田章宏氏、稲垣忠彦氏）も、（特に吉田氏）まことに醜い汚い負け方をさらけ出した。あの論争は、両氏にとっては、（両氏の基礎資料である斎藤喜博氏の「出口」授業の粗雑さゆえに）勝ちようがない、負けるにきまっていた論争なのである。学界のためにも、両氏が教えている学生の教育のためにも、いさぎよい、研究者らしい負け方をするべきであった。

次の拙著を見ていただきたい。

『授業にとって「理論」とは何か』（明治図書、一九七八年）

『「出口」論争とは何か（宇佐美寛・問題意識集1）』（明治図書、二〇〇一年）

あの若い大学教員は、私の言について、「先生が仰るのは詭弁に過ぎません。」と書いた。「詭弁」とは、虚偽と知っていながら、相手をだますために言う虚偽のことである。単なる虚偽、誤りのことではない。『岩波・哲学小辞典』が次のように言うとおりである。

「人をあざむくために意識的に行う論理上の虚偽」

つまり、彼は私の人格にまで踏み込んで、道徳的非難をしたわけである。私を詐欺師扱いしたわけである。

私は、謝るように要求したが、彼は答えなかった。都合が悪いから逃げたのだろう。この他にも、彼は何度も私に謝るべき無礼の言を吐いている。謝るように要求しても、答えが無い。無視したままであった。（要するに、彼は私に言いがかりをつけただけのことである。）

こんな不誠実な者に、知的に誠実な研究が出来るはずがない。

研究活動をするために必要な言行の基本的様式というものが有るのである。

右の事例に即して言えば、例えば次のような言行である。

1. 意見を述べる前に当該の事実を十分に調べ知るべく努める。（知らないことについては、意見は言わない。）

2. 他者を批判・評価する資格が自分に有るか否かを自覚する。

3. 自分の言動に謝りが有ると思ったら、明確に認める。被害者には謝る。

これは、前記のように「研究者人格」とでも呼ぶべき特性である。このような人格が欠けていては、教育研究は成り立たない。

「出口」論争において、吉田章宏、稲垣忠彦、そして斎藤喜博の諸氏の「研究者人格」は、かなり低いレベルであった。(前出の拙著を見ていただきたい。)

前記の「教育・研究における『公・私』の別」問題は、もちろん、もっと具体的に考えられねばならない。いろいろ例を挙げて考えるべきである。

あの福島県立の学校の封筒を、私は研究用に(資料の郵送に)使った。これは公的に生かしたのである。私の研究活動は、いずれは、看護教育の改革に寄与する。あの学校も(間もなく閉校だが)私の研究を助け得たのである。

教育研究は、公的なものである。単に私的な趣味、あるいは私的な生活手段ではない。

私は半ば冗談めかして「お国のために研究しているのだ。」と言う。日本の教育を良くするために研究しているのである。当り前ではないか。

私に言いがかりをつけたあの大学教員は、研究とは単に私的なものだとしか思っていないらしい。だから、封筒の再利用が単に私的だとしか見えないのである。また、だから、自分の研究が公的義務だという感覚を欠くのである。ろくな研究業績も無いのは自然な結果である。

彼の浪花節的・扇情的なせりふをそのまま借りて言おう。

「国民の血税によって、大学・大学院教育を支え、その結果、こんな大学教員を作った。これでは国民はたまったものではない。」

研究者は自由に思考する個人でなければならない。自由な個人であることによってのみ、公的義務を果し得るのである。

だから、私は、よく前記の冗談めかしたせりふを補って言う。

「(現状の)お国を批判しぬくことによって、お国に尽す。」現状の教育を批判することによって、教育のために尽すのである。

彼は、封筒という物にこだわっている。(「こだわる」＝「心が何かにとらわれて、自由に考えることができなくなる。」『大辞林』)唯物(ただもの)論者である。教育哲学という自由な思考をするには不適切である。

この不自由な狭い頭の唯物論者は、前記のように、二四枚の封筒を研究のために学校側の了解を得て再利用するのさえ、公私の混同と見なし、こだわった。私を非難した。

だから、彼にたずねよう。

「それでは、君は、研究室で私的な手紙を書いたり、新聞を読んだり、飲食したりする時は、電燈を消しクーラーをとめているのだろうね。そうではなかったら、ひどい公私混同ではないのか。私用に大学の公的資産である電力を使っているのだから。君は私にいちゃもんをつけたに過ぎない。」


自由で創造的な営みである教育・研究は、物理(つまり、時間・空間・物質)を基準として公・私を切り分けることが不可能なのである。また、そうすべきではないのである。

私は、休日でも指導上の必要が有る時は、自宅から学生に電話する。もちろん、電話代は私が払う。これは公私混同か。

四年間、教育学部長をしていた。自宅に他県の教育学部長から電話がかかってきた。「上京したから、会いたい。」とのことである。東京で飲む。これは私用か。彼の意見を聞き、情報を得る。これは学部の運営を考えるにはまことに貴重である。その意味できわめて公的な会談だった。しかし、費用は私が払った。これは公私混同か。

政治のような自由で創造的な営みにおいても、道理は同じである。

政治家が、対立している他党の幹部と「いっぱい」やるのを単に私的な交際だと見なすのは、ひどい単純バカだろう。

教育・研究のような創造的な仕事の場合には、「公」と「私」は、相互交流し、区分が定かでないのである。汽水域(「河口など、海水と淡水が混じりあっている水域」『大辞林』)のようなものである。塩分が濃い範囲と薄い範囲が有る。しかし、連続的に次第に濃度は変わっているので、明瞭な区画線で塩水と淡水を区別することは不可能である。また、雨や風のような外的条件の変化によって塩分の濃さは変わる。濃い部分の位置も変わる。

右の「汽水域」は比喩である。比喩と現実との関係は追究され、確められなければならない。**現実の教育・研究の営みに、この比喩は、どこまで適合するか？**

「汽水域」において、公と私とのけじめを自覚するのが、研究者個人の良識である。

V

教育哲学研究には、自力での問題の発想こそが本質的である。

ここまでに、身近かな経験から問題を発想する実例を示した。**?**付の文を**ゴシック体**で書いて示した。

しかし、それらは、まだ入門的段階での発想例に過ぎない。「問題とは……」を見やすくするための便宜であり、発想の論理を十分に詳細に分析した論述にはなっていない。

以下の本論では、十分に詳細に分析し得る例を示す。その多くは、教育課程・教育方法の分野におけるものである。このような分野の研究において教育哲学はどう問題を発想するかを示す。ここまでと同様、**?**付きの文を**ゴシック体**で書いたものが、まさに教育哲学が提出すべき〈問題〉である。

前述したように、この問題に対する答えまでは書かない場合も多い。主たる力点は、あくまでも、問題の発想を論ずることだからである。

答えを要求する人は、むしろ、巻末の業績リストに示された私の著書を読んでいただきたい。

研究者としては、まことに不適切だと思う言動は、右の他にもいろいろ有る。列挙してもらいたい。

私は、今まで約五十年の研究生活で、様ざまな事例を知った。その一部分のみを参考までに挙げる。

1. 自分の研究を批判されると感情的になる。批判者をとがめる。
2. 自信が無い時には、相手のあげ足をとる。やりとりを、他の事柄に移動させ、すりかえるように努める。
3. あまりに早く速く割り切った結論を威勢よく言う。
4. 政治的・経済的・宗教的勢力やジャーナリズムと癒着する。気に入られたがる。（教育という営みは、諸政党や教育産業と関わりが有るので、それらの誘惑から独立した思考をするのは重要なことである。）

本論――問題をどう発想するか――

第1章 〈ディベート〉の場合
──概念の内容を疑う──

I

ディベート……特定のテーマについて、肯定・否定の二班に分かれて行う討論。〔『大辞林』第三版〕

もちろん、教育関係の専門的事(辞)典の類いには、もっと詳しい説明が有る。しかし、大すじは、これでいい。当面は、右の『大辞林』の説明ですませておく。

このようなディベートを教育方法として用いるとしたら、この教育方法をどう疑い、どんな研究問題を発想すべきか？──教育哲学者は、こう考えるべきなのである。

私自身は、大学弁論部の出身である。ディベートを含む〈議論〉の類いについては、一般の研究者よりは経験が有ると思う。（『教育哲学』一八三―一八五ページ参照）

だから、ディベートについては、親近感を持ち、基本的には支持する。学校現場で、もっとさかんになってもらいたいと願う。

しかし、これは教育哲学の本である。

> 哲学の生命は、疑問である。「それは正しいか？」「なぜ、そう言えるのか？」「他の答えは無いのか？」等の疑問である。〔『教育哲学』ⅲページ〕

だから、この本では、どう疑問(問題)を作るかの例を示す。

たまたま、私の本箱には、〈ディベート〉関係の本が十冊ほど有る。

それぞれの本の初めの方には、ディベートの必要性の理由が書かれている。ところが、それが読むに耐えない。信じ難い。

「日本社会が『同一性』を原理とする社会」だと書かれ、日本人は「批判的思考」・「論理的思考」が弱いという趣旨が書かれる。「議論が下手な日本人」とも書かれている。

こういう粗大な説(大説)無しには、ディベートの意義は主張できないのか?

私は、日本人の総体が米国人の総体よりも非批判的・非論理的で議論が下手だなどという証拠を見出し得ない。

個々の人による。当り前だ。年齢・学歴・職業……等の個人的指標を同等にして比較しなければ、何も言えない。

日本でも米国でも、このような能力が強い人にも会ったし、駄目な人にも会った。

日本のような高い識字率、長い寿命、少ない犯罪の近代国家の国民が総体として非論理的だとか議論が下手だとかの欠点が有ると思えるか?

また、議論というものは、いつでも無条件に良いものなのか?

現実の社会に生きる多くのおとなは、次のような態度で生きている。

現実の事態は、たいていは不透明であり、見通しがきかない。変化が起こるのを待ってから考えても間に合う。議論までして早急に決めると、融通をきかせた柔軟な対応が出来ない。様子を見て、少しずつ態度を変えた方がいい。先き行きが二通り考えられるならば、二つの案を足して二で割ることも考えた方がいい。

また、事実が不明だから、しかたなく議論しているのである。つまり、議論は実証の代用に過ぎない。事実の見通しが確実・明瞭ならば、議論は無用である。議論しなくてすむのならば、その方がいいのである。

学会で、その年度の会計が報告される。それには目もくれない会員が言ったせりふである。「持ち逃げしたって何日も暮せるほどの金じゃない。」もちろん、議論などしたくない。これが普通のおとなの態度である。

『教育哲学』で書いたように(例えば七〇ページ)、宇佐美融訓導は、「口べたで理屈がきらい」だった。もちろん、議論など、ほとんどしなかった。しかし、彼の戦時中の言動は、大体のところ正しかった。**彼は「論理的」だったのか?**

他方、西尾幹二氏は、次のような事例を紹介している。（西尾幹二『自由の悲劇』講談社現代新書、一九九〇年、六九―七〇ページ）

> ボンに暮らしている日本人主婦から、次のような話を聞いたことがある。
>
> 現地の中高等学校《ギムナジウム》に十三歳のご子息を通わせて半年ほど経ったある日、彼女は初めて父兄会に顔を出した。そしてそこで、日本の学校ではおよそ考えられないような出来事に出会ったというのだ。すなわち、算数の問題を仮綴じした一冊三マルク(約二八〇円)のワークブックを使用したいがどう思うか、と先生が父兄に提案したところ、父兄たちは延々三時間もこの件で討議し、投票の結果、否決してしまったというのである。
>
> これを聞いて、いかにもドイツ人らしい出来事だと私は思った。議論好きで、融通性がなく、まあほどほどにとか、せっかく先生が言って下さったことだから先生の顔を立てて、とかいうフレキシブルな発想が彼らにはまったくと言っていいほどない。頑迷で、ストレートで、お構いなしである。
>
> 思うに、三マルクを負担できない家庭は一軒もない。わが子の学力の増進を望まぬ親もまずあるまい。しかし、父兄たちの言い分は次の通りである。

ドイツでは、教育費は全額国庫負担で、これは戦後のドイツ人社会が獲得した最も誇りとする成果の一つであったはずである。従って、たとえ金額は僅かでも、この原則を枉《ま》げることは断じて許されない。これが父兄たちが三時間も口角泡を飛ばして語り合ったときの反対意見の大半を占めていたという。

教育哲学は、この事例を論じ得るか？　どう論じるか？

「論理的に考えるのは良い。」という命題が有り、疑われないで通用している。それでいいのか。つまり、通用しているという事態を許容していいのか。

次のような問題が有る。

1. 「論理的」とは、それ自体で良い意味の語になってしまっている。だから、〈論理的〉という概念が現実のどのような事態と対応しているのかが不明なのである。（だから、前記のように、宇佐美融訓導の思考は、論理的だったのか否かはわからない。判別できない。彼の判断は大体正しかったのだが。）
2. 人間にとって望ましい言行の特性は、いろいろ有る。「論理的」とは、その中の一つの特性に過ぎない。「論理的に考えるのは良い。」という命題のままでは、他の特性との関係が不明なのである。例えば、他人を思いやり親切にするのは良いことである。思いやりを捨て、思いやりの気持を殺してまで、「論理的」に考えようとするべきなのか。どちらの特性を、どんな比重（重みづけ）で重視・優先すべきなのか？

「論理的であることは良い。」は、あまりに当然であり、だから、何も主張し得ない命題である。前記のように、「論理的」という語自体がもともと良い意味なのである。「論理的」という概念と対象との関係が不明なのである。いわば概念は浮遊していて、現実世界の中の何と対応するのか不明のままなのである。

Y＝2Xが正しいと思わされている状態である。「正しい」とは、等号（＝）の左辺と右辺が等しいということだけである。

いったい、この方程式を、どのような現実の事態に対応させたいのか？

対応させるためには、数値を入れ単位を具体的に決めなければならない。例えば、次のように決める。

10円＝2×5円　子どものお店ごっこの事態である。億円や兆円の式は適さない。

「論理的(批判的)思考・発言が望ましい。」という命題は、その命題それ自体で正しい形式を保っているというだけのことである。つまり、命題機能(propositional function、命題関数と訳してもいい。)が成り立っているというだけのことである。

具体的に数値を入れると、現実の事態への適用が可能・適切か否かがわかる。適用のしかたがわかる。

道徳教育におけるいわゆる〈徳目〉は、右の意味における命題機能(関数)であると考えられないか？

私は、別の著書で次のように書いていた。(宇佐美寛『大学授業の病理——FD批判——』東信堂、二〇〇四年、一〇一—一〇二ページ)

> 一般意味論(general semantics)の理論家ラポポートは、次のように書いた。(Anatol Rapoport "What is Semantics ?", Language, Meaning and Maturity, ed. by S.I.Hayakawa, 1954, p.9.)

しかし、命題関数(propositional function)〔この論文の場合「命題機能」という訳の方がいいのかもしれない。……宇佐美註〕という考え方はこの論議にとってより重要な影響が有る。この考え方は、実質的にわれわれの全ての判断は命題においてではなく命題関数において行われるということを示しているのだ！　**草は黄色である**という言明は見たところ命題に似ている。もし、「草」が五月にヴァーモント州で伸びているものを意味するなら、この言明は誤りである。しかし、七月のカリフォルニア州の草のことなら、この言明は正しい！〔この時期は乾期であり、雨は全く降らず、草は枯れているのである。……宇佐美註〕しかし、さらに「黄色」が熟したかぼちゃの色だという意味で言うのならば、この言明は正しくはない。

「熟したかぼちゃの色」という数値を当てはめると、この「草は黄色である。」という方程式は誤りになるのである。
数値がまだ決まっていない「草は黄色である。」が正しいかどうかは言いようがない。

私は、かつて、高坂正顕、天野貞祐両氏の徳目論について次のように論じた。

左の引用は、宇佐美寛『教育において「思考」とは何か――思考指導の哲学的分析――』(明治図書、一九八七年)一九〇―一九四ページであるが、同書は、絶版状態だった旧著宇佐美寛『思考・記号・意味――教育研究における「思考」――』(誠信書房、一九六八年)の補正・復刊版である。

わが国における、教育についての論究は、実念論的傾向に深く毒されていることが多い。実念論的な言語主義(verbalism)は、ヘーゲル哲学にもマルクス主義にもあり、それが教育学の中にも育ってきてしまったのである。多くの場合、道徳的価値の論じ方は、実念論的言語主義の典型である。「道徳的価値は存在するか」などという問いが発せられるのも、その一例であろう。

高坂正顕氏は、次のように言う。

「では、勇気とは、いったい何であるか。戦争においては、前に述べたような類の形態の勇気が要求される。おそらくそのことは、共産主義の国々、あるいは自由主義の国々についても言えることであろう。『卑怯者去らば去れ』という歌を聞いたことがある。卑怯な人間は、やはり軽蔑されるのである。卑怯な人間が軽蔑されるということは、勇気のある人間が尊重されるということである。

では、その場合、勇気のある人間とは何であるか。勇気のある人間とは、自分の肉体的な生命、あるいは心理的な生命というものを究極的なものとは考えないで、肉体的心理的な自己の生命を、より高い理想や目的のために捧げ得る態度である。より高い理想、あるいは目標といわれるものは、時代により社会によって違うと思う。しかし、とにかくより高い理想や目標のために、身体的心理的な自己の生命をあえて捧げ得る人、それが勇気のある人であり、そのような性格をもつことが、勇気をもつということなのである。

　してみれば、道徳が変わったといわれる事柄は、案外、いま述べた現象形態に関するのであって、道徳そのものの本質は必ずしも変わっていない、といってよいのではないであろうか。〝期待される人間像〟という場合に、このような、道徳についても案外に変わっていない本質的な点は、それを今日にふさわしい形で生かしていくことが必要であり、それを新しい歴史および社会の場面に適合した形において、身につけさせるということが期待されるのである。

　現代において、道徳の具体的な内容が何であるかということは、国や社会によって違う。しかしそれがどのように変わっていても、たとえばいま述べた勇気ということそれ自身は、変わらないと考えて差しつかえがない。そして、その具体化のためには、社会的国家的な条件がどのように変わり、その勇気がどのように生かされるか、ということについて、正しい認識が必要である。」[(2)]

(2)　高坂正顕『私見・期待される人間像』(昭和四〇年、一二〇〜一二一ページ)。」

また「道徳教育」の論争が特に激しかったころ、天野貞祐氏は、新聞記者に、次のように語っている。「道徳はいつの世でも変らないが、内容が変ることはあります。親切であり、勇気があるということがよいのは、昔も今も変りがない。不親切なことやオクビョウであることがよいわけがない。教育勅語で〝夫婦相和シ〟ということがあるが、あのころは〝夫唱婦随〟のタテの関係、いまは、夫と妻が互いに尊敬しあうヨコの関係となった。道徳の内容が進歩し、変わってきたわけだ。」[3]〔(3)　朝日新聞、昭和三三年一月四日、「先生登壇」〕

両氏の見解の真偽は問題にならない。なぜならば、高坂氏は「道徳そのものの本質」と「現象形態」、天野氏は「道徳」と「道徳の内容」を区別し、それぞれ前者は不変で、後者は可変だと言うのであるが、かんじんの前者と後者を判別する方法を明らかにしていないからである。一般に、あることを知っているということの不可欠の特徴は、そのことを、そのことでないことから区別する能力を持っているということであるが、両氏の場合、変わるものと変わらないものの判別方法が明らかでないのであり、このような意味不明な論じかたでは、読者は、例えば「道徳そのものの本質」・「現象形態」という記号に対して、論者のとは異なる解釈をし、それでわかったと思ってしまう。これらの語についての読者の理解が、論者とは著しく違っているかもしれないのに、読者は自分の解釈のしかたによって論者を理解し支持する。このようなしかたで読者の支持を得たとしても、それは論者の名誉にはなるまい。

天野氏は、「親切」や「勇気」がよく、「不親切」や「オクビョウ」が悪いのは、不変だと言う。たしかにそうであろう。しかし、これは道徳的な経験についての判断ではない。「親切」・「勇気」などの概念の内包には、すでに、それがよいものであるという規定が含まれている。だから「勇気」という語をけなし言葉として使うには、別に特殊な意味を外からつけ加え、引用符をつけでもしなければならない。さらに、喚情的機能(喚情的意味)においても、これらの語は、ひとに感情的に肯定的反応をさせる働きをする。「勇気」という喚情的機能の強い、また内包にも「よいもの」という規定を含む語を定義するのに、高坂氏は「…自己の生命をより高い理想や目的のために捧げ得る態度」というように、「より高い理想」・「捧げる」等の同様に(あるいはそれ以上に)喚情的機能が強い、肯定的な内包の語で置きかえた。このような定義法によるならば、「勇気はよいものだ。」という最初の前提は支持され強固になるのが当り前である。このような方法による定義は、スティーヴンスンが「説得的定義」(persuasive definition)と呼んだものである[(4)]。〔(4)　Charles L. Stevenson: Facts and Values——studies in ethical analysis——, 1963, Yale paperbound, p.32.(この部分は、もともとは一九三八年にMind誌上に発表された論文"Persuasive Definitions"を収録したものである。)スティーヴンスンは、次のように言う。「『説得的』定義とは、あるよく知られた語に新しい概念的意味を与えながらも、その喚情的意味を実質的には変化させず、この方法によって人々の関心の方向を変えようとする意識的あるいは無意識的目的で使用される定義である。」高坂氏が「説得的定義」によったのは、「無意識的」ではあろうが、とにかく論理的に正しい論法ではない。〕

言葉の問題として「勇気」はよい意味で使われることに定まっているのである。だから、「勇気は望ましい。」という命題は、「善はよいものである。」・「道徳的であることはよい。」等の命題と論理的な資格は同じなのである。これらの命題は、分析的・非経験的であって、綜合的・経験的ではない。これらの命題は、いわゆる同義反復的(tautological)な命題にすぎない。このような命題が、いつでも、どこでも支持され使用されるということを根拠として、「だから善(あるいは、道徳)の本質は不変である。」というナンセンスな論を両氏はたてるのであろうか。両氏の「勇者」論は、これと同質の誤りをおかしているのである。

両氏は、不変なものを示すための語として「道徳そのものの本質」とか「道徳」とかのおおげさな語を使うべきではない。両氏の言うところから論理的に正当にひき出し得るのは、「『勇気』・『親切』という語は、望ましいことを意味する語として使われてきたし、現在もそのように使われている。」ということだけである。これは、「勇気」・「正直」という記号の用法についての事実判断であって、記号の指示対象や記号の解釈者の行動についての価値判断ではない。だから論理的には読者は両氏の論から言語学的知識を得たに止まり、道徳的思考・行為についての価値判断は知らされていないはずなのである。

「勇気」という言葉の意味や使いかたが不変だということから、勇気の本質なるものが不変だと主張するのは典型的な実念論的言語主義の誤りである。

次の問題は、このような徳目とその指示体との関係の問題である。すなわち意味論的な問題である。

前述のように、徳目の意味はあいまいであり、したがって指示対象も不明瞭である。天野氏は教育勅語の「夫婦相和シ」は、内容においてこそ「夫唱婦随」のタテの関係を指すことになってはいたが、「夫婦相和シ」そのものが正しいということは、今日でも変わりがないと主張したいのであろう。(これが記号についてだけの言語学的説明にすぎないということは、前節に述べたので、ここではくり返さない。)しかし、留意しなければならないのは、むしろ、「夫婦相和シ」という記号が「タテの関係」を指し示すことになっていたのに、それを指し示すべきではないという批判的観点が「夫婦相和シ」の意味からは考え出されなかったという事実である。つまり、「夫婦相和シ」の意味は、それほどに粗雑であり、空虚であったわけである。まわりの状況によって、著しく異なるものを指示できるほど記号の意味があいまいであることが、また、それゆえにその記号をいつまでもとりかえなくてすむことが、なぜそんなに(道徳の「本質」を表すものであると誤解されるほどに)よいことなのか。私は理解に苦しむ。

〈徳目〉という類いの語句と現実の事態との関係については、さらに詳しく同書において論じた。見ていただきたい。

意味不明な(現実の事態との対応関係が不明な)語句(概念)が、思考をある方向に動かすように使われる。いわば具体的な数値が勝手に説明も無く、ひそかに代入される。この思考誘導はなお強くなる。

概念と事態とのこのような関係を念頭に置いて、疑おう。

現状での「論理的」・「創造的」・「自発的」な「説得」という概念については、右の関係は、どうなっているか?

「論理的」は、初めから良い意味の語なのである。(しかし、どんな具体的内容と対応するのかは不明である。)この良い意味に隠れて、悪しき具体的内容をひそかに(批判を受ける機会無しに)持ち込むのは、非哲学的な不明朗な状態である。

「序論」に述べた「公・私」については、この命題関数性の悪用が、どのように行なわれていたか？

教育哲学は、複数の抽象的概念の関連を作っただけでは、無意味である。まさに意味不明なのである。つまり、対象である教育現実のどの部分とどう対応するのかが不明なのである。だから、次節以降、なるべく具体的な事例に語らせることにする。

私は、例を欠いた教育哲学論文を信用しない。理解できないのである。教育哲学界で活字になり音波になってきた諸概念は、いずれも意味があいまい過ぎ、どのような事態と対応するのかが不明なままである。

そう思っていたので、Educational Theory 誌（米国教育哲学会の機関誌）の次の論文は期待して読んだ。何か良い示唆が得られるのではないかと思ったのである。

「なぜ、哲学者と教師とは話し合わないのか？」René Vincente Arcilla, “Why Aren’t Philosophers and Educators Speaking to Each Other?” *Educational Theory* 52, no.1（Winter 2002）.（Arcillaは、ニューヨーク大学の教師である。）

そして、同誌の二号後（No.3）には、六人の大学教師がこの論文に関わって自分の考えを述べている。

しかし、決定的な欠点は、計七人のだれも教育実践上の具体的問題を示していないことである。教育哲学者と教師との話し合いは、実践の問題が有るからこそ必要なのであり、可能なのである。論者たちは、そんな自明の理もわかっていないようである。

この七人の論文に具体的実践問題の提示も論究も欠けていることは、ここでは示しようがない。(提示・論究が無いということは示しようがない。無いものを引用することは不可能なのだから。)関心と便宜の有る読者は、同誌に当たって確かめていただきたい。

日本の場合で言えば、いわゆる「出口」論争である。(第2章に後述するが、)斎藤喜博氏の「出口」実践を問題として論じたからこそ、教育哲学者(宇佐美だけだったが。)と教師(小・中・高にわたる)とのやりとりが成り立ったのである。

話し合うべき問題が無いところで、どう話し合うのか。なぜ、話し合わねばならないのか。

教育哲学は、教育実践の問題を具体的に認識しなければ成り立たないのである。(教育を知らず、教育に無関心な教育哲学者が多すぎる。)

だから、次節以降、教育実践の具体的問題において教育哲学的思考がどう働き得るかを論ずる。例を示しつつ論ずる。

先に示した「ディベート」の説明を再度掲げる。

> 特定のテーマについて、肯定・否定の二班に分かれて行う討論。

教育哲学者は、この文言について、どんな問題を指摘し得るか？

具体的に考えるために例を示す。

「『シルバー・シートは要る。』という命題（「テーマ」）について、肯定と否定との間の討論がなされる。」という事例をとり上げよう。

教育哲学者は、右の（「　」に示した）事例について、どんな研究問題を発想し得るか？

研究問題の一部分のみを以下に示す。

1. 論理的(批判的)思考を育てるという目的を設定すると、なぜテーマを設定することになるのか？　実質は「シルバー・シートは要るか？」という疑問を考えることになる。なぜ、疑問に答えるという形式をとらせるのか？

なぜ、まず知識を与えるということが先行しないのか？　知識が乏しいところで何を考え得るのか？

2. 元にある命題「シルバー・シートは要る。」は、だれが作り出したのか？　つまり、なぜ、テーマを学習者に作らせないのか？

3. 少なくとも、教師が与えた命題「シルバー・シートは要る。」自体を、学習者に批判・検討させるべきではないのか？

4. なぜ、意見を口頭で言わせるのか？　なぜ、文章を書くという形で発表させないのか？

なぜ、口頭の討論が「論理的(批判的)」思考力を養うことになるのか？

5. なぜ、二派に分れての討論の形をとるのか？　なぜ、時間が限られるという形をとるのか？

私は大学弁論部の出身だから、この種の討論の経験が有る。勝つことを目標とする心構えになる。相手に勝つためには、相手を不利な状態に追いこむように努めることになる。重要な論点・資料は、隠しておく。相手をあわてさせ、考える余裕を無くさせる。相手の発言資格そのものに攻撃を加え、発言しにくくする。

弁論部時代に「恋愛と学業は両立するか。」という論題で討論した。（大時代な古典的な論題である。読者諸賢は失笑したであろう。しかし、これは何しろ昭和二十年代という昔のことである。）相手を不利な状態に追いつめるために、例えば、「君の昨年の成績表を公開してから、しゃべれ。」と攻めるのである。

こういうことを考え実行する力は、「論理的（批判的）思考」の力なのか？

一人で、時間をたっぷりとって、ゆっくり考える学習が要るのではないか？　つまり、対立者を意識して勝つために考える思考は、異質・異常なものではないのか？

6. なぜ、「肯定と否定」との二派に分れるのか？　なぜ、このような二元的対立の形式におさまらないといけないのか？　二元論を疑い、批判し、打破するのこそ、論理的(批判的)思考ではないのか。

現実の事態を詳しく考えようとすると、この6の問題が特に重要であることがわかってくる。シルバー・シートは、弱者(老人、妊婦、身体に故障・弱点がある人等)のための優先席である。自由に考えると、「要る」・「要らない」の二元論は、愚かな、思考を鈍くさせる有害なものだということがわかってくる。

「要らない」について、次のように、学生は、いろいろな理由での立論をすることが出来る。

① どこに弱者が立っていても、座っている者は席をゆずるべきである。シルバー・シートは要らない。

② 弱者は甘えてはいけない。当然の権利だなどと思ってはいけない。権利・義務の感覚では、世の中はぎすぎすする。自然に任せればうまくいく。シルバー・シートは要らない。

③ もっと車輛を作り、ひんぱんに運転すれば、車内は空いている状態になる。シルバー・シ

ートは要らない。

④　シルバー・シートを設け、しかるべき表示をするのでは、生ぬるい。現にシルバー・シートが有っても、老人を立たせ若い者が座っているではないか。無い方がいい。代りに、もっと強く、しつこくやらねば駄目だ。車内アナウンスで席ゆずりを呼びかける。時どき車掌が車内をまわって不とどきな若者には注意する。一般の利用者で自発的に「敬老団」あるいは「席ゆずらせ団」を組織するのはどうか。けしからぬ乗客には集団で忠告あるいは威嚇してゆずらせるのである。物理的抵抗があった場合は適当な程度で痛い目に合わせ得るくらいの実力者で団を組織しよう。

〔これを聞きながら、私は次の三つの事例を思い出していた。1．占領中は、ときに進駐軍の兵士が若い男を強制的に立たせ老婆を座らせるという類いのことをしていた。もちろん公務ではない。2．ニューヨークの地下鉄はあまり物騒なので、自警団的組織を作り車内をまわる連中がいる。3．もちろん関東大震災における自警団。〕

私は、著書で次のように書いていた。（『宇佐美寛・問題意識集5　議論は、なぜ要るのか』明治図書、二〇〇一年、八六―八八ページ）

「シルバー・シートは是か非か。」などというテーマは討論には不適当である。そう思っていたのは教師である私だけではなかった。このテーマの提案者の班以外の学生(少なくともその一部分)は、そう思っていたのである。だから、彼らはテーマをつぶそうと図ったのである。この企図は成功した。

授業では、その後、討論の経過を分析し、なぜこのテーマが不適当なのかを検討した。読者は、なぜだと思うか。

大きく言えば、結論が是・非に画然と二分されるような問題ではないのである。是・非に二分するための基準が複数あり、それぞれ異なるのであり、ある基準をとると「是」であっても、他の基準では「非」を言わざるを得なくなる。

より具体的に言えば、次の二点が不明なので、全く異なる方向での思考が生ずるのである。

1. シルバー・シートとは何か。特にその割合はどのくらいか。

2. シルバー・シート以外の条件をどう考えればいいのか。

1. について。シルバー・シートが全座席の一割なのか、八割なのかでは、意義が全然違う。全てがシルバー・シートだというのでは、また違う。また、「君はここに座って恥ずかしくないか!」などという言葉を付けたシートにすべきだという意見もあった。さらに、特殊なカードで触れれば座れるがそうでなければ（無資格者が座れば）座ったとたん怪音を発するシートを作れという技術改良的意見もあった。

2．について。A・乗客の善意・良識に任せるか、B・干渉・強制するかは、シルバー・シートの是非と一義的対応はしない。前節で述べたように「A、ゆえに是」もあるし、「A、ゆえに非」もある。Bについても同様である。つまり、合計四通りの組合せがあるわけである。

授業での分析・検討は、右のような結論に達した。やはり、このテーマは駄目である。

これに対し、次のような反論があるかもしれない。（現にテーマを提案した学生たちは、そのような反論をした。）

「余計なことをいろいろと考えるのがいけない。『シルバー・シート』と言ったら、現状のものに決まっている。割合も現状のとおりだ。『敬老団』の組織など考えてはいかん。」

現状どおりだというのならば、まず現状を調査しなければならない。シルバー・シートの割合はもちろん、老人・身体不自由者などの該当者が、どのような状況で、どのくらいの割合で席をゆずられているかを調べなければならない。ゆずるべきなのに、ゆずらないで座っているのは、どんな類い（年令・性別……）の乗客なのか。彼らはどんな心理状態なのか。これらの点も調べなければならない。

現状の枠をそんなに重視するなら、討論などしてはいけない。現状についてならば、まず調査して資料を得ずには、何ごとも論ずるべきではない。また、調査して現状を広く正確に知れば全てわかってしまうのだから、討論しなければならないような対立は無くなってしまう。「現状だけを考えて討論せよ。」というのは矛盾である。

また、現状とは違うものがなぜ「余計」なのか。現状以外を考えてはいけないという要求がなぜ出来るのか。特に教育の場で、なぜ思考を不自由にする、そのような要求が出来るのか。

考えるというのは、現実そのままではなく、可能性を含めて考えることである。くり返し言うが、現実そのままならば、考えること、論ずることではなく、調べるべきことである。

調べれば明らかにわかる事柄は、討論する意義が無い。調べる労を惜しんで、頭の中で考えた差違だけに頼るという怠惰な思考癖を育てていることになる。(これから調査したり実験したりする準備として予め討論するというのは、もちろんこれとは別であり、重要である。)

討論に適したテーマとそうでない不適当なテーマとがある。これをどんな基準で判別するか。いずれ論ずる。(ディベートの研究者・実践者は、この問題を論ずべきなのに、私はそのような業績を目にしたことがない。)

「論理的」という概念の内容を検討せずに使いつづけてはならない。「論理的」を一人歩きさせてはならない。

私は、右の著書で、次のように書いていた。（前出『宇佐美寛・問題意識集5』八八―八九ページ）

> 「シルバー・シートは是か非か。」というテーマを提出した学生の思考よりも、そのテーマが不適当であると判断し、つぶそうとした他の学生（と私）の思考の方がより「論理的」である。「論理的」という語をこのように使う用語法は一般的である。
>
> この場合、後者はなぜ「論理的」と言われるのか。いろいろな答えが有り得る。次のようにである。
>
> 1．後者はシルバー・シートの事実を細かく具体的にとらえている。（例えば、シルバー・シートの割合）
>
> 2．後者は、シルバー・シートだけでなく、それに関わる他の条件をも考えに入れている。
>
> 3．後者は、単なる現状ではなく、条件を変更する働きかけまでを考えている。
>
> 4．後者は、「今、ここ」を超え、歴史的事例や他の国のことをも、比較の材料として、考え合わせている。

5．後者は、抽象的・形式的な整理をしている。（例えば、干渉・強制するか善意・良識に任せるかと、「是」・「非」とで四通りの組合せになるという整理）

通常の多くの場合、この1―5のいずれも「論理的」な思考の特性であると考えられている。さらに整理すれば、論理的思考とは、対象をよく見て詳しくとらえ、対象の周囲の条件をもとらえる思考（1・2）である。また、現に見えていないもの、仮空のものをも想像し、それによって、見えているものの解釈をする思考（3・4）である。さらに、このような思考内容自体を対象として分析するメタ思考（5）である。（ディベートは、この1―5の特性のどれに関わるのか。「スキルワーク」のような、とり立てて作られた小問題を解く学習は、どの特性を伸ばし得るのか、いずれ、このような点をも論ずる。）

「動物園のクマの方が山のクマよりも幸福である。」というテーマでのディベートも有った。こういう無自覚・無反省な概念による有害な二元論を批判し打破する思考こそが、論理的（批判的）なのである。教育哲学がなすべき思考なのである。

このテーマをどう批判するか？

まず、「そんなことはクマ本人(本熊?)に聞け。」である。本人の幸福を他者が判断するという横暴が許されるか。人(熊)権無視である。動物園と山とを自由に行き来できる状態にして、クマに選ばせればいい。

では、ディベートの望ましいテーマとは、どのようなものか? また、望ましい討論とは、どのようなものか?

教育哲学は、どう答えるか?

私の考えは右の『宇佐美寛・問題意識集5 議論は、なぜ要るのか』(明治図書、二〇〇一年)に書いたので、読んでいただきたい。ディベート以外の討論についても実例を挙げて論じた。

英語に a blanket term (word)、や an umbrella term (word)という表現が有る。直訳すれば、「毛布ことば」「傘ことば」である。つまり、実体不明な様ざまな物を一まとめにおおい隠す働きをする語のことである。(彼らには、毛布や傘はそのような機能の道具と見えているらしい。)

本章で指摘した「論理的(批判的)」は、まさにそのような隠蔽語・概括語である。また、序論に書いた「公・私」も、そのような語である。

教育哲学の重要な役割は、毛布をはぎとり、傘をしまわせて、今まで隠されていた内容を点検することである。

第2章　「出口」論争の場合
——研究における〈人間〉——

I

いわゆる「出口」論争を、田近洵一・井上尚美編著『国語教育指導用語辞典』(教育出版、一九八四年)は、次のように書いている。

出口論争　斎藤喜博の「出口」の実践への批判から生起した教材解釈や「ゆさぶり」概念をめぐってなされた教授学にかかわる論争である。小学校3年生の国語の教材「山の子ども」を扱った授業で、「あきおさん　と　みよこさんは　やっと森の出口に来ました」という文の「出口」の解釈を、子どもたちが「出口」とは「森と、そうでないところの境」であると解釈したのに対して、授業を見ていた斎藤喜博が「そんなところは出口ではない」と否定し，森の内部にあるとゆさぶりをかけた。この教材解釈とゆさぶりに対してなされた宇佐美寛の批判が論争のきっかけとなった。有園格の「『出口論争』の争点を整理する」をはじめ，関係論考を収録した特集「『出口論争』は何を提起しているか」（『現代教育科学』二八八号　明治図書一九八〇年一一月）がある。

宇佐美による批判，そしてさらにこの批判についての宇佐美自身による分析・評価については，次の著書を見ていただきたい。

① 『授業にとって「理論」とは何か』（明治図書，一九七八年）
② 『宇佐美寛・問題意識集1　「出口」論争とは何か』（明治図書，二〇〇一年）

また，私は前著『教育哲学』（東信堂，二〇一一年）では，「出口」論争の教育哲学的問題の一部分を挙げて次のように書いた。（同書，一六八―一八九ページ）

例えば，『宇佐美寛・問題意識集　1「出口」論争とは何か』（明治図書，二〇〇一年）は，あの「出口」論争において私が書いた文章のほとんどを収めている。

斉藤喜博氏の教材解釈のひどい間違い、そして、それに気づかず斉藤氏の授業の賛美に終始した吉田章宏氏や「教授学研究の会」の人たちに、私は「黙って見過ごせない異常」を感じた。「論争」と呼ぶことが不適当なほどの圧倒であり、斉藤氏・吉田氏は全然反論できなかった。

しかし、私の方は、重要な教育哲学的問題を明らかにし、見えやすくしたつもりである。

例えば、次のような問題である。

1. 文章に「書かれている」とは、何か。
2. 文章に書かれた〈事実〉は、だれの目によって見えているのか。
3. 授業記録の文章の意義・目的は何か。どう読むべきか。
4. 授業における学習者の喜び・感動に、どんな価値・意義を認めるか。
5. 「文章本来の意味」と、文章の解釈とのずれをどう発見するか。どう評価するか。
6. 論争における批判者と被批判者とは、いつ何を言うべきかという、「番」(turn)の問題。
7. 「ゆさぶり」をどんな論理で定義し得るか。

右は、問題の一部分を挙げたに過ぎない。詳しくは(他の諸問題については)直接、同書で確かめていただきたい。

少なくとも、同書が、外国人の受け売り的「論文」よりも、はるかに教育哲学の業績であることは、わかるだろう。

ここでは、右の七つ以外の教育哲学的問題を新たに指摘する。

「新たに」というのは、先の①②の著書では、まだ詳しくは考え得ていなかった問題だからである。

Ⅱ

1 「出口」論争とは何か

私は斎藤喜博氏の『未来誕生』から当該の次の箇所を引用していた。（前出『宇佐美寛・問題意識集一三』一一五ページ）

同じく三年の国語の教科書に、つぎのような文章がある。

あきおさんと　みよ子さんは　やっと森の出口に　来ました。ふたりは　助け合いながら　や

っと　家が　見える所まで　来ました。つかれきって　速く　歩く　ことが　できません。

この文章のところで「出口」ということばが問題になっていた。子どもたちは「出口」を、森の終わった最後のところ、すなわち、森と、そうでないところとの境になっている一点と解釈していた。それもまちがいない一つの解釈だった。

私は、それに対して反対の解釈を出した。そういう最後のところではなく、ふたりは、境界線の見えるところまできたとき、出口にきたといったのであり、出口というのは、もっと広い範囲をさすのだといった。

子どもたちは、私の解釈を聞くと、怒ったようにして立ち上がり、猛烈に反対した。「そんなことはない」といって、手を動かしたり、図に書いたりして自分たちの主張を説明した。

そこで私はまた自分の意見を出した。「みんながいっしょにならんでよそへ出て行くとき、どこまで行ったら島村の出口へ来たというのだろうか。島村と、となりの村との境には橋があるが、橋の出はずれのところへ行ったとき、出口へ来た、というのだろうか。それとも、遠くの橋が見えて来たとき、出口へ来たというのだろうか」といった。

私が、こういうのといっしょに、子どもたちは「あっ、そうだ、わかった、わかった」といった。「そうだったんだ、それがわからなかったんだ」という子どももいた。「先生の方がほんとうだ」という子どももいた。緊張し集中して私に反対していた子どもたちが、一度に花の咲ききったように充足しきった喜びの表情になり、自分自身で発見したような満足しきった空気に学級全体がなり、それがまた、花のくずれたようにやわらかな空気になり、緊張をほぐしていくのだった。

ここでも子どもたちは、「出口」ということばに対する自分たちの認識を拡大深化させたのだった。

〔『授業』・『教育学のすすめ』の記述も同様であるが、次のような図がついている。要するに斎藤氏の「出口」は、もっと森の内部にあるのである。〕

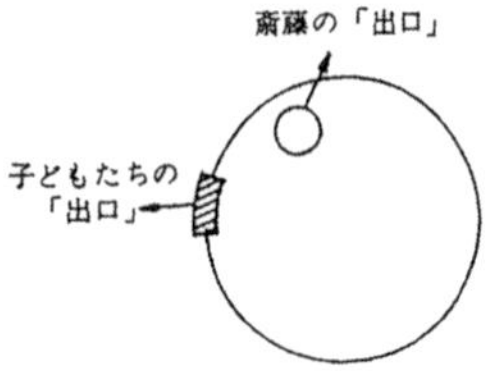

この教材文解釈は、ひどく間違っている。

私は間違いであるわけを詳しく書いたつもりである。右の①②の著書で読んでいただきたい。

ここで発想・設定したい問題は、この「間違い」問題とは一応別である。例えば次のようなものである。

なぜ、斎藤喜博氏は、ほとんど説明をしないのか？ なぜ、「出口というのは、もっと広い範囲をさす」という命題が正しいという理由を説明しないのか？

この説明欠如の状態をどう解釈するか？

出口の範囲は、広がらない。ある人物が「…に(へ)来た。」と発言し得る範囲が広がるのである。

橋が遠くに見えてきた時、「橋、つまり島村の出口に来た。」という文を発言し得るのである。

この場合、実物の橋(つまり出口)の位置がずれて、はるか手前の道路上に存在することになるのか。とんでもないことである。

私は、他の例をも使って次のように論じた。(『宇佐美寛・問題意識集1 「出口」論争とは何か』一五—一七ページ)

もっと重大な誤りは「……島村の出口へ来たというのだろうか。」などというナンセンスな発問をしていることである。「いう」のは、一体だれがいうのだろうか。氏の文にしばしばある、必要な主語の欠落である。だれがいうのかが不明な発問には答えようがない。私がこう書くと、『みんながいっしょにならんで……』と言っているのだから、いう主体は『みんな』だ。」と主張する人もいるであろう。

私が右で「だれ」というのは、「どのような状態のどのような人物」かをたずねているのである。例えば、この「みんな」は、昨日、校内マラソン大会をやったばかりで、脚の筋肉が痛く、足をひきずりながら歩いている「みんな」だとする。このような状態にある人物は、遠くの橋が見えても、「出口へ(に)来た」と自ら言うことはない。見えたとしても、そこへ着くのにまだ足をひきずる長い時間がかかることを知っているので「来た」と言う気にはなれないのである。

要するに、だれが言うかによって、氏の発問に対する答えは違ってくる。そのことをこそ子どもたちは認識すべきなのである。それなのに、気の毒にも子どもたちは「わかった、わかった」などと言っている。

では斎藤氏のように、遠くの橋を見たときに「出口へ来た。」と「みんな」が言うと仮定してみよう。その場合、「出口」という語が「広い範囲」をさしているのだろうか。この点でも氏は誤っている。

次のように考えてみよう。いろいろ多事多難であった年の末、十二月三十日、あるいは三十一日の日中あたりに、「やっと今年も終りましたね。」と言うことがある。この場合、一年が縮まって「今年」は十二月三十日、あるいは三十一日の日中で終わる期間をさすのだと氏はいうのだろうか。

また、新幹線で九州から帰京するとき、途中で事故があいつぎ、ときどきとまったり、ゆっくり走ったりで、いやになるほど時間がかかった場合を考えよう。列車はまだ神奈川県と東京都の境の六郷川を越えていないのに、もう東京が近いことをあたりの風景で知った乗客は「やれやれ、どうにか東京に来ましたね。」と言う。この場合、東京は六郷川を越えて神奈川県を侵して拡がったのだろうか。

さらにまた、将棋で相手がまずい一手をさしたとき、私は「これでおれは勝ったな。」と言う。この場合、王手をかけもしないのに「勝った」ということになる。「勝った」のさす範囲が拡がったのだろうか。

列車の場合でいえば、東京が拡がるはずはない。「東京」という語ではなく、「どうにか東京に来ましたね。」という言明(statement)がこの状況について使い得るということなのである。なぜ使い得るのか。乗客は、物理的にはまだ神奈川県内にいながら、心理的には自分が東京に来たものとして話している。観念における自分は東京にいるのである。このような物理的自己と観念における自己という自己の二重化が行なわれるとき、物理的事態からはずれた、先どりの言明がなされるのである。だから、遠くの橋が見えて来て、「出口へ来た」という言明がされるとき、「出口」という語のさす範囲が拡がったのではない。出口は、あくまでも村境の橋である。（東京があくまでも六郷川のむこうであるように。）言明が物理的自己を越えたのであり、「拡がった」というなら、言明が拡がったのである。語は、このような言明のための材料にすぎないのであり言明が「拡がっ」ても語の指示範囲は拡がらない。

文章の言明を発する者は話主(speaker)である。[3] 話主の心理状態によって右のような自己の二重化(言明の拡がり)が起こる。（マラソン大会後の心理状態では起こらない。）

もし、斎藤氏が、「出口というのは、もっと広い範囲をさす」という命題が正しい理由を詳細・入念に説明しようと努めたならば、……と想像しよう。

不可能である。そんな説明は不可能であり、説明しようと努力すると、その結果、右の宇佐美の理論が正しいことを認めざるを得なくなるはずである。

要するに、よく考えもしない、気分的な思いつきだから、理由の説明が出来ないのである。

例えば、次のような誤りを斎藤喜博氏はおかしたのである。

語と文とを区別出来ない誤り、だれが言うのかという発言の主体に気づかない誤り、どんな状況で言われる言葉なのかが意識できない誤りである。

先に、「研究者人格」という概念を立てた。

主張の理由を明確に述べようとはしない態度は、研究者には、ふさわしくない。

そして、この「出口」の実践を賛美していた、東京大学の吉田章宏氏をはじめとする「教授学研究会」の研究者たちは、理由を知らされていないことを不自然だと感じなかったらしい。理由の説明も無いのに、この実践を支持できる。……何と「ものわかり」がいい人たちなのか。よく知りもしないことを信ずる……これが研究者の態度か。

「出口というのは、もっと広い範囲をさすのだ」という主張の理由の説明が無い。この斎藤氏の文章の中に無いし、授業の中でも無かった。すじ違いの「となりの村との境」の橋の例を話しただけである。

かんじんの理由の説明が無いのに、子どもたちは「わかった」ことになっている。教師である斎藤氏は、それを賛美する。自分で陶酔しているだけである。

落ちついて理由を詳細・入念に説明する文章は書かれずに、すぐ直後に、感情に酔った無内容な文章が書かれている。次のようにである。

私が、こういうのといっしょに、子どもたちは「あっ、そうだ、わかった、わかった」といった。「そうだったんだ、それがわからなかったんだ」という子どももいた。「先生の方がほんとうだ」という子どももいた。緊張し集中して私に反対していた子どもたちが、一度に花の咲ききったように充足しきった喜びの表情になり、自分自身で発見したような満足しきった空気に学級全体がなり、それがまた、花のくずれたようにやわらかな空気になり、緊張をほぐしていくのだった。

ここでも子どもたちは、「出口」ということばに対する自分たちの認識を拡大深化させたのだった。

何と軽躁（おっちょこちょい）な子どもたちか。

「待てよ、この二つの例は同じか？　森の出口と村境の橋とを同じに見ていいか？」こう考えるべきなのである。「こういうのといっしょに、」などと同時的な同意をしてはいけない。一呼吸おいてゆっくり考えるという思考方式を学ぶべきなのである。

もちろん、子どもたちよりも先に、斎藤喜博氏自身が軽躁（おっちょこちょい）だったのである。そして、もちろん、氏の取り巻きの「研究者」たちも軽躁（おっちょこちょい）だった。

「研究者人格」において本質的で重要な特性は、「しつこく、くどく」「念のため」という粘りであり、落ちつきである。

「出口」授業とその記述においては、この特性が全く欠けていた。また、それを賛美していた「研究者」たちにも欠けていた。

私が「研究者人格」と呼んだものは、換言すれば、公的な仕事である〈研究〉において働く言動の特性である。

「大学教授にしては青くさく、書生ぽく、人間的には未熟すぎる」（大西忠治「『実践』と『実践記録』

（1）」『特別活動研究』一九七八年九月号）

大西忠治氏が私との論争で書いた論文の一部である。もちろん、宇佐美のことである。

この一文をどう解釈するか？

私が、このような（大西氏の）文章をどう解釈したかは、前出の『宇佐美寛・問題意識集1「出口」論争とは何か』を見ていただきたい。

このへんで、教育哲学は、「役割」・「部分（側面）」・「感動」等の概念を検討する理論を創らねばならないのであるが、読者はこの理論の必要をどう見通しているか？

教育研究は、学問的社会におけるコミュニケーションである。研究者は、その業績の言葉によって他者に何かを知らせる。ある目的のために何らかの新しい知見を他者に知らせる。それが研究業績（著書・論文）である。

このような役割を果すはずの研究者に、何ごとでも好きなことを言いたい放題に言う自由など有るはずはない。相手との関係、役割との関係で、言ってもいい言葉の範囲は限られる。先の大西氏のように、論争の相手を「人間的には未熟に過ぎる」などと言ってはいけない。大西氏は宇佐美の人間の成熟度を論じ得る役割ではないはずである。この調子で多くの人が他の人を人間的に評価し叱っていたら、学界は成り立たない。

そして、「出口」授業の実践においても記述においても、斎藤氏には、このけじめが無い。氏のとるべき役割は、自分の主張（「出口」の範囲の拡大）の理由を明確にわからせるように言うことである。氏は、その役割の責任を果たさずに、感情的に子どもたちの反応を美化する。氏は、言うべき範囲のことを言わずに、言ってはいけない範囲のことをその代りに言ったのである。そして、氏をとりまいていた「研究者」は、だれもこのコミュニケーション不全の症状を指摘しなかった。

その状況で、コミュニケーションはどうあるべきか。自分は何を言うべきなのか。何を言ってはいけないのか。――こういう、〈コミュニケーションをしつつある人間〉の自覚が欠けている。このような斎藤氏の文章の悪さは、教材解釈の誤りとは別のことか？　密接な関係が有るのではないか？

例えば、「話主」概念の欠如である。また、主語の不明である。

〈人間〉のあり方は、文章の書き方においても、他者が書いた文章の読み方においても、本質的である。

「一度に花の咲ききったように充足しきった喜びの表情」「満足しきった空気」「やわらかな空気」もちろん、このような感情的反応を証拠として、認識の正しさを証明するわけにはいかない。戦時中、「少国民」であった私たちも、「戦果」の発表で喜び、こんな表情・空気であった。外見は、まったく、これと同様の状態であった。

この類いの感情的反応を書いてはならない。

Ⅲ

いわゆる大学紛争がさかんだった一九七〇年頃の千葉大学のことである。「全学斗〔闘〕」と称していた新左翼的学生グループが起こした紛争である。彼らは「自衛官斗〔闘〕争」と称していた。当時、工学部に接続して有った工業短期大学部は、夜間に開かれていて、学生は職業を持っていても勤務時間外に通学し得た。数名の自衛官が受験してきた。

自衛隊の存在を容認しない学生たちは、自衛官の受験に反対した。彼らは、工業短期大学部のみならず、他の学部においても、教授会との「団交」を迫り、大学本部の建物を占拠・封鎖した。個々の授業の中でも、この問題での「討論」を教師に要求した。

私は、当時三十五歳の助教授だった。教育学部教授会は、私をこの問題への対処案を作る「学内諸問題専門委員会」の学部代表委員に選出した。

教育哲学者は、この問題状況をどう考え、何を提案すべきか？

大学という教育現場における、このような現実の問題こそが教育哲学研究の宝の山である。私は、きわめて貴重な勉強をした。

この場合の私の思考の特徴は、〈分ける〉・〈区切る〉・〈捨てる(選ぶ)〉働きである。（学生運動家が要求した「全体」的思考ではなかった。）

例えば、次のようなことを考えたのである。

一、具体的に表われた問題は、他部局である工業短期大学部の入学試験のことである。本来、工業短期大学部が意思決定すべきことである。どのような意味で、他学部である教育学部の教授会は、意見をまとめるべきなのか？

二、 とにかく、教育学部は全学の委員会に委員を送り出したのである。このシステムを認めた以上、委員は、全学を通じての(したがって教育学部の)受験資格のあり方を規定する原理を考えるべきなのである。

三、 他方、教授会という公的な意思決定機関は、考え、論じ、決めるべき内容を自ら限定すべきである。学部の教育・研究に関わる内容である。「自衛隊をどう見るか。」など、教授会で論ずべき内容ではない。

四、 公的な意思決定機関の出した結論には、その構成メンバーを拘束する強制性が有る。「夏休は○月○日から×月×日までの5週間」と決めたならば、構成員、つまり教員は、これを守らねばならない。「おれの授業は、夏休倍増で10週間」などという実践をするのは、違法行為である。懲戒処分の理由になり得る。

しかし、「自衛隊」論には、このような強制性は有るべきものではない。もともと教授会の権限外の事柄なのである。

五、「千葉大学教授会規程」が、右の三・四の限定を明記している。教育学部教授会の議事内容の限定である。

六、公的な意思決定の会議は、受験資格の有無については、法規により判断すべきである。国民の教育を受ける権利を制限するのに、根拠となる法規が無いなどというのは、法治国にあるまじき不当な事態である。

七、右の六は、「思想の排除」の原理である。会議の場で構成員は、自衛隊をどう見るかという思想を問われるべきではない。そのような逸脱までが「自由」な討議だとすると、何事も「多数者がそう思ったから適用していいのだ。」という多数の恣意が横行することになる。「自衛隊員だから、……」と言って権利の制限をするのならば、「○○党員だから、……」「××教信者だから、……」など、いくらでも、考えられることになる。権利制限をする側の者の思い込み・見込みが、いくらでもまかり通る。

不確定であり、証拠が不十分であり、その代りに見込みで思い切った（飛躍した）結論を出し得る観念が思想である。

構成員個々人は、それぞれ異なる思想を持つ。しかし、権力的機関である(強制力を持つ決定をなし得る)会議では、自己の思想を語り主張することをつつしむべきである。禁欲的であるべきである。

八、教員は、(少なくとも学生運動に対応する仕事の委員は、)右の**一—七**の原理に基づいて、「全学斗(闘)」という新左翼系学生と論争し論破すべきである。

この論争は、開かれた場で、多くの一般学生とともに行なわれるべきである。この種の運動家学生が単に空虚なスローガンで熱くなり思考力を失っている輩に過ぎないという事実を顕在化させ、一般学生の目に見えやすくするのである。運動家学生は、単に暴力に頼っているに過ぎない。この事実を明らかに(見える状態に)するべきである。

これにより、警察力によって占拠状態を解消することが可能になる。暴力に頼っている輩ならば、公的・合法的暴力によって統御されるのが当然である。この道理が一般学生に見えやすくなる。

換言すれば、教師が学生に論争で負けるようなことが有ってはならない。そのようなざまを学生に見せてはならない。右の「自衛官の受験」のような個人の教育を受ける権利に関わる原理的問題では、特にそうである。

右の一—八に述べた私の考えは、教育哲学にどのような影響を与える可能性が有るか？

先に「『思想』の排除の原理」と書いた。読者は、例えば次のように問うべきである。

宇佐美が述べた一—八も思想ではないのか？　思想ではないとすると、いかなる種類の観念なのか？

「教授会のような公的権力機関は思想を持つべきではない。」というのは、まだ理解できる。では、個人である教育哲学研究者については、どうか？

個人限りの思想なのだから、他の成員を拘束はしない。

しかし、その場合でも、教育実践のための思想であり、研究のための思想である。研究者は、ある社会的役割をとっている。まったく自由に軽く思いつきで粗雑な発言をするのは、この役割にそむいている。

研究者についてのこのような見方は、「出口」論争について示した「研究者人格」という概念とどう関わっているか？

研究者は、自己の人格の全てなど、さらけ出してはならない。ある問題について、該当する側面だけの人格部分のみが責任を持てばいい。

第3章　「正義」と「ケア」
――区別・対比の論理――

I

囲碁の石、つまり碁石というものが有る。黒い石と白い石とが有る。その二種のみである。つまり、この他に赤い石や青い石が有るわけではない。

黒い石であったら、白い石ではない。前記の汽水のように(三六ページ)色が混ざった黒的白や白的黒の石は無い。また、黒・白に濃淡の程度は無い。純黒・純白である。

色、つまり黒・白以外の特性は同じである。丸い形であり、同じ大きさである。

もちろん、これは、囲碁の世界の石のことである。野外の石ならば、黒と白とが混ざった色の石も有る。大きさや形も様々である。

私は〈黒い石〉・〈白い石〉という概念の特徴を列記したことになる。

あらためて特徴を明らかにする。次のとおりである。

1.〈黒い石〉・〈白い石〉が指し示す対象は、別のものである。黒い石であれば、白い石ではない。つまり、外延が分れていて重ならない。換言すれば、〈黒い石〉・〈白い石〉は、選言的概念(disjunctive concepts)の関係にある。

思想の科学研究会編『哲学・論理用語辞典(新版)』(三一書房、一九九五年、二五二ページ)は、「選言的概念」を次のように解説している。(もとは横書きである。)

> 選言的概念〔disjunctive concept〕　アレでもありコレでもある、というのではなく、〈アレかコレか〉という概念。つまり「黒」と「白」と「青」、「男」と「女」など。厳密には、〈同一の類に属する概念のうち、その外延が全く分離しているもの〉。したがって「小学生」と「男の子」は選言的概念ではない。小学生であって、男の子であるものがある(つまり、外延が分離せず、重なっている)から。

2.〈黒い石〉・〈白い石〉は、ともに同じ類に属している種である。〈碁石〉類における種である。

3. この類の中に有るのは、〈黒い石〉と〈白い石〉の二種のみである。

4. 黒石・白石ともに、大きさや形は等しい。色の判別基準のみで、黒と白とに注目し区別したのである。

5. 〈黒い石〉・〈白い石〉という概念は、程度を含んではいない。「きわめて黒い」や「やや白い」などと考えることにはなっていないのである。

6. 〈黒い石〉・〈白い石〉は、ともに囲碁という目的の下にある。競技のために盤上に置かれるという同じ働きをする。

「宇佐美は、いったい何を言おうとしているのか？」といぶかしがる鈍い人もいるかもしれない。二つ(また、それ以上)の概念(事柄)の区別・対比のしかたを論じるつもりなのである。

この章の題を見れば、わかるではないか。

二つの概念のどこが異なり、どこが同じであるか。二つはどんな関係で働きかけあうのか。このような区別・対比の論究をするための必要条件のモデルを右に1―6と分けて示したのである。

〈黒い石〉と〈白い石〉とを対比することは可能である。

「対比」……相互の違いを明らかにするために二つ(以上)の物を比べること。(『新明解国語辞典・第七版』)

私は、著書『〈論理〉を教える』(明治図書、二〇〇八年)の「第四章　1たす1と2とは違う――異同の問題――」において、次のように書いた。(同書、七〇―七二ページ)

> 「月とすっぽん」という諺が有る。二つの物の違いが比較にならないほど大きいことのたとえ。」と『大辞林(第三版)』は説明している。
>
> しかし、読者諸賢は、「違いが比較にならないほど大きい」という記述に矛盾らしきものを感じないだろうか。
>
> 比較しなければ、違いはわからない。違いが有るか否かはわからないのである。違いが大きいか否かは、なおさらわからない。やはり、比較になるのである。

『ことわざ辞典』(高橋書店)は、「月とすっぽん」の「解釈」を次のように書いている。

「形は似ているが、実質は比較にならないほど違っていることのたとえ。」

……〔略〕……

「形は似ているが、」という記述がいい。すっぽんの甲羅は丸い。満月に似ているのである。

二つのものが違うと言うためには、その二つのものを比較しなければならない。比較するためには、同じ基準を適用するという同じ方法を使わねばならない。私と大相撲の力士とは、たいへんな重さの違いが有る。しかし、「重さの違いが有る」と言うためには、「重さ」という概念は共通に適用される。また、「キログラム」という共通の単位で測られる。測るのは、共通の体重計による。わざわざ体重計で測らないで、目視した体積から体重を推定する方法も有る。その場合も同じ方法を私と力士とに適用したのである。

要するに、複数の違っているものも、どこか同じなのである。どこか同じであるからこそ、どこかが違うということがわかるのである。

月とすっぽんとは、丸いということが同じである。共通である。

同じ(共通の)性質が全く無い、つまり全く違う二つのものというのは、想像しようもない。二つのものを(この同じ頭で)考えて、「全く違う」と言うのは矛盾である。二つとも私の頭で考えられたという共通性が有る。

全てのものは見方によって、他のものと同じにもなり、違うものにもなる。

……〔略〕……

右に「全てのものは見方によって、他のものと同じにもなり、違うものにもなる。」と書いた。これは十分に正確ではない。月とすっぽんは、見方によって「同じ」になるのではなく、「同類」になるのである。二つのものは、「円いもの」という同じ類の中に入れられるのである。

何ものであれ、二つ(あるいはそれ以上)のものならば、同じであるはずは無い。私と他の人とは、ともに「人」、「男」、「老人」などの類に入れられ、その名称でまとめられるのである。「違うもの」になるというのも、その見方によって、あい異なる類に分けられ離されたということである。

二つのものを比べる時、まさに、それが二つ(つまり別)のものであるという事実そのものによって、同じではない。今、私が字を書いている原稿用紙は、その下に重なっている原稿用紙と同じ形式である。その意味で同類ではある。しかし、別の(同一空間を占めているのではない)紙なのだから、「同じ」ではない。同類なのである。

右の『〈論理〉を教える』からの引用部分の論理とその直前の「必要条件」1―6の論理とは、どのような関係にあるか？

ここまで、私は、前記のとおり、「二つの概念の対比のしかた」を論じてきた。次節は、その応用を示す。

II

学界の一部分で、「正義」と「ケア」との関係を論ずるのが流行しているようである。

教育哲学会の最新号の機関誌『教育哲学研究』第一〇五号（二〇一二年）を見る。

前年の上越教育大学における学会大会での「研究討議（開催校企画）」の報告（つまり発言内容の要旨）が書かれている。テーマは「教育における正義とケア」である。

その大半の部分は、意味不明の文章である。「意味不明」なのは、私の頭の責任ではない。文章の方が悪いのである。つまり、もとの研究討議での発言が意味不明なのだろう。私がこう言う理由を以下に書く。（右の報告の執筆者は六名であるが、引用にあたっては、筆者名も論文の題も示さない。複雑・煩雑であり、また悪文の筆者たちにも気の毒である。武士の情をかける。ページを示すので、必要ならば、同誌にあたっていただきたい。）

前節で、碁石を例にして、概念対比の原理を示した。「碁石」を例にしたのは、私の発明であるが、それによって示された「必要条件」1―6は論理学の歴史の中で作られた安定した常識である。

研究討議「教育における正義とケア」での発言者諸氏には（そして、おそらく諸氏が言及、依拠するノディングスにも）この基本的常識が欠けていたのだろう。

私は、「必要条件」1―6を「正義」・「ケア」に適用して、次のように問おう。（ただし、順不同である。）

一、〈黒い石〉・〈白い石〉という二つの種を含む類の名は「碁石」であった。では、「正義」と「ケア」の二種を含む類の名は何というのか？　不明である。いわば、「正義」・「ケア」の二人の家族メンバーがいると主張しているのに、その家族を包括する苗字が無い状態である。同一家族であるかどうか疑わしい。

二、〈黒い石〉と〈白い石〉とを分ける判別基準は色である。色以外の特性（形や大きさ）は同じである。「正義」と「ケア」とに共通の同じ特性は何か？　また、違いが見えるような判別基準は何か？

三、〈碁石〉類に含まれる種は、〈黒い石〉と〈白い石〉のみである。他の色の石、例えば〈灰石の石〉や〈赤色の石〉などというものは無い。そんなものを認めたら、もう囲碁ではない。つまり、囲碁というゲームの規則が石の種類を限定しているのである。

「正義」と「ケア」に、このような規則が有るのか？　二つの概念の周囲に様ざまな近似の概念が働いて介入しているのではないのか？

四、〈黒い石〉・〈白い石〉には、濃淡の程度の思考は入ってこない。一〇〇パーセントの純黒・純白なのである。「正義」・「ケア」は、どうか？　現実の事態に当てはめると、「強い正義」・「正義の要素も有る」・「ケアが主だが、正義も入っている」……という不純な概念を作らざるを得ないのではないか？

五、何よりも重要なのは、〈黒い石〉・〈白い石〉が選言的(disjunctive)な関係の概念だということである。黒い石ならば、白い石ではないのである。「正義」と「ケア」について、この関係が成り立っているのか？　成り立っていなければ、最初から、「二つの概念だ。」ということさえ不可能なのである。

当然、「ケアこそ正義だ。」「正義はケアだ。」という主張が可能になる。

「正義」は「ケア」ではない、また、「ケア」は「正義」ではないという相互排除の関係が成り立っているのか？　この関係を成り立たせるためには、「正義」・「ケア」のそのような内容の定義が必要である。

「正義」・「ケア」の選言性(相互排除性)を示した定義が有るのか？

六、二種の碁石は、色のみが異なるのである。形や大きさは同じである。つまり、二種の碁石は同じ形式の中におさまっているのである。

「正義」と「ケア」とは、いったい、どこが同じ形式なのか？

「ケア」は「ケアする」という複合動詞の語幹である。当然、「する」を付けて「ケアする」という、他者に対する行為を示すことが出来る。

これに対し、「正義」は、行為の種類を指し示す名詞ではない。行為を評価するために用いられる語である。評価語である。

「正義」に対立するのは、「ケア」ではなく、「不正」・「不正義」という評価語である。

行為についての、「正義」以外の評価語は、きわめて多い。「因習的」・「惰性的」・「創造的」・「平凡」「日常的」……等々である。

「ケア」以外の他者に働きかける行為を示す複合動詞語幹も、きわめて多い。「協力」・「指示」・「強要」「強制」・「放任」・「教示」・「刺激」・「誘導」……等々である。いずれも「する」を付け得る。「行為語」と呼んでおこう。

当然、評価語プラス行為語の組み合わせは、きわめて多数である。

その組み合わせの中には、「正義なケア」や「不正なケア」も有る。

つまり、「正義」と「ケア」とは同次元で並列され比較されるような概念ではない。「黒い石」と「白い石」は同類異種であり、どちらを選ぶかを決め得る。「正義」と「ケア」は、どちらかを選ぶような同類ではない。同じグループに属しているのではない。

「正義」と「ケア」とを並べ論ずるのは、いわゆるカテゴリーまちがい(category-mistake)である。つまり、比べようがない異なる次元(カテゴリー)の二者を並べて論じる症状である。

私の長男が幼稚園児だった時のことである。先生が皆に言った。「骨は大事です。骨が折れると大変です。」乱暴したり、高い所からとび降りたりするのをいましめたらしい。

幼稚園児には、先生の言葉の迫力は大きい。彼は、それ以後、たびたび骨と比較する疑問を発した。「骨と電車と、どっちが大事？」「骨とお片づけと、どっちが大事？」……『正義』と、『ケア』などという文言は、長男の珍問と同様のカテゴリーまちがいに過ぎない。

Ⅲ

前節のような概念整理の思考が、まず必要なのである。「まず」とは、「議論を始めるよりも前に」ということである。

ところが、この『教育哲学研究』の筆者たちには、右の必要性の自覚が全然無かったらしい。概念整理に努めた跡さえ無い。

教育哲学は、教育に関わる概念を鍛える学問である。つまり、概念を疑い分析・批判し、修正・創出する学問である。

『教育哲学研究』の「研究討議」の筆者たちの文章は、この意味で教育哲学と称し得るようなものではない。

概念のあり方についての明確な自覚を欠いて、何かを論ずれば、混乱・意味不明・不整合・恣意……等の症状が派手に顕在化する。読むに耐えない独善的な文章になっている。

以下に右のことの証拠を引用して示す。（『教育哲学研究』第一〇五号、二〇一二年、二二一―二三ページからの引用である。）

> このような林の論に従えば、ある徳目を教えるための読み物資料であっても、そこにケアリング的発想を見出すことが可能であるという。何が正義であるかと考える場面でも、心情的な共感やそれに基づく許しが美談として語られたりもする。たとえば、江橋照雄作「手品師」という資料は、腕はいいがなかなか売れない手品師の話である。大劇場での出演の機会を投げうってでも、お母さんが不在である男の子との約束を守り、小さな町の片隅で手品を演じるという内容である。この読み物資料は、「誠実」について学ぶ資料である。合理的に考えれば、長年の夢が実現しつつあるその時に、チャンスを捨ててまで一人の男の子との約束を守ろうとすることは非現実的であるが、そのように行為を選択した中に、誠実さを見出せるのである。
>
> この手品師がどうしてこの選択をしたのか。「約束は絶対に守らなければならないから」という

教師が期待するような理由を述べる子どももあるだろう。しかしケアしたいという自然な感情の発露としてその選択理由を考えることも可能である。この男の子のかわいそうな境遇を知り、この子のために手品をしてあげたいと判断することは不合理な決断かもしれないが、多くの読み手はそれが合理的な判断を越えたものとなっているために魅了されるのである。

この「手品師」はいわゆる文部省資料である。この資料についての研究は、いろいろ有る。ところが、この部分の筆者(つまり、大会での発言者)は、このような先行研究をあまり読んでいないらしい。不勉強らしい。多くの教育哲学者に見られる自国の教育実践についての無知という植民地的症状なのだろうか。

例えば、この筆者は、宇佐美寛『「道徳」授業に何が出来るか』(明治図書、一九八九年)を読んでいない。(現在、11刷になっているロング・セラーなのに。)

私は、次のように書いていたのである。(同書、一八—一九ページ)

そもそも、大劇場への出演を選ぶか、それとも子どもとの約束を守るかという二者択一が非常識なのである。この人物に似つかわしい非常識である。

その子どもをつれて大劇場に行けばいい。すぐその子を探そう。どうせ小さい子なのだから、その場所の近くに住んでいるのだろう。警官の助けを借りて探す手もある。

右の策がうまくいかなければ、その子に「小さな町のかたすみ」で手品を見せるのは他の手品師に頼めばいい。もちろん、この代理手品師は、本来の手品師が来れなくなったわけを子どもによく話すはずである。

すなおな常識人は、そう簡単にこの手品師のように二者択一のわなに陥ることはない。こんなに頭が固い状態にはならない。二つのうちのどちらを選ぶかではなく、二つとも生かす道はないかと考える努力をするはずである。

ところが、この手品師は、その努力をしなかった。無責任、不誠実なことである。

また、私は次のようにも書いていた。（二一一―二一二ページ）

しかし、すでに論じたように、この手品師は全然、事柄の本質を考えようとしていない。受けた電話で即答してしまうおっちょこちょいである。その結果、親友にも大劇場の観客にも不誠実な行動をとることになってしまう。親友に対しては、事実をうちあけて相談することもしないし、事情を説明して理解を求めることもしていない。また、大劇場の観客に対しては、かけがえのない芸を見る機会を奪ったわけである。（それとも、プロとして劇場で演ずる自分の芸が他の手品師に代ってもらってもすむのだと彼は思っていたのだろうか。そんなに彼は自分に誇りが無いのだろうか。）また、彼は芸に対しても不誠実である。大観衆に芸を見せることがどんなに勉強になり、芸術家としての自分を高めるかが、彼にはわかっていないのだろうか。

資料の文章と対応する現実の状況にまで思考が及ばず、「誠実」や「約束」という言葉に酔っている鈍い頭の働きを批判するべきである。与えられた言葉の意味を疑おうともしない言葉信仰(verbalism)を打破しなければならない。

大劇場の観客の気持を思い（「ケアしたい」と思い）、この出演の話を知らせてくれた親友の気持を思う（「ケアしたい」と思う）のこそ誠実であり正義なのである。ケアが正義なのである。その状況に関わっている人びとに共感（ケア）するからこそ正義感なのである。人間不在で正義が成り立つか。

私は、「手品師」という資料を前記の拙著『「道徳」授業に何が出来るか』において、分析した。詳しくは、同書を見ていただきたい。

肉を切るには、肉よりも硬い刃物が要る。つまり、「手品師」を分析するのは、意味明確な概念群を用いなければ、不可能なのである。ところが、「正義」や「ケア」という概念は、あの粗悪な資料「手品師」よりも、さらに意味不明な、いわば氷で出来た生まくらの包丁である。肉に触れると、たちまち溶けて水になり、肉の水分にまぎれてしまう。「正義」や「ケア」という概念を適用するのは、「手品師」という資料の粗悪さを増強するだけのことである。なぜか。両概念の違い、共通性、境界が不明なのに、対立する概念であるかのように強弁し、そう思い込ませているからである。これでは、同様に独善的・恣意的な質の資料に同化するだけである。

Ⅳ

この『教育哲学研究』の「研究討議」の部分に、次のような文章も有る。（同誌、一一ページ）

> 道徳教育においては子どもの正義感（の能力）とケアの能力の両方を育成することが求められる。また、正義とケアや、他の道徳的価値との間で対立が生じた（ように少なくとも見える）場合に、問題の状況に応じてとるべき行動を判断する力も育成する必要がある。

この文章に対しては、どのような疑問を見出し得るか？　出来るだけ挙げよ。

たくさん有る。宝の山である。疑問だらけである。

使われている概念群の内容に自覚が行き届き、概念を厳しくコントロールしているような文体が要る。そのような冷徹な（気分に溺れない）文体で書いていれば、「正義」・「ケア」概念の粗雑さに気づきやすい状態を保ち得る。

ところが、右に引用した文章の文体自体がかなり粗雑である。これでは、「正義」・「ケア」概念の悪さには気づき得ない。「正義」・「ケア」概念を甘やかし、放任しているだけなのである。

疑問の一部分を挙げる。（あまり多いので、「一部分」だけにする。）

1.「子どもの正義感（の能力）とケアの能力」……なぜ、正義感についてだけ、（の能力）とカッコが付いているのか？　なぜ、「ケア」の方はカッコが付かないのか？

2. なぜ、「正義感」と「感」が付いているのか？　それならば、なぜ、「ケア感」と書かないのか？

3.「正義感（の能力）」の「の」は何を意味するのか？　「正義感を生じさせる能力」のことか？　「正義感を学習する能力」のことか？　「正義感を働かせる能力」のことか？（それは、「正義を行う能力」とは、どう違うのか？）

4.「ケアの能力」とは何か？　ケアの感情・意志を持つ能力か？　ケア行為を行う能力か？　感情・意志を欠いていても、外的にはケアの効果が有る行為が有る。（例えば、そういう看護行為も有る。）これは「ケアの能力」か？　なぜ、それを育成することが「道徳教育においては……求められる」のか？

5.「……が求められる。」……この「られる」は何を意味するのか？　受身（受動）か、自発か、可能か？　もし、受身であるならば、だれが求めているのか？　だれかが求めているという社会的事実は、なぜ確定しているのか？（筆者は、いかなる調査でこの事実を認識したのか？）求めているだれかの数は、どれくらいの多さなのか？　求める人の数によって、この求めの正しさが決まるのか？

6. それなのに、次の文(センテンス)の文尾は、「育成する必要がある。」である。「求められる」と「必要がある」とは、どう違うのか？　「求められる」は、5に書いたように、だれかが求めているという事実の判断である。これに対し、「必要がある」は、(「……が必要である。」と変型すると、見えやすくなるが、)価値判断である。なぜ、二つを使い分けたのか？

7. 「正義とケアや、他の道徳的価値との間で対立が生じた(ように少なくとも見える)場合に、」……ケアは価値なのか？　先の文では「ケアの能力」と書いていたではないか。つまり、ケアとは価値ではなく、何かをする、あるいは考えることではないのか？　そうでないと、「ケアの能力」という概念は成り立たないではないか？

8. 「他の道徳的価値との間で対立」……**ある価値と他の価値とが対立するなどという事態が有り得るか？**　事実認識(事実観)の対立ならば有り得る。その対立は、価値観の対立と連動している。この筆者は、私の『「道徳」授業における言葉と思考――「ジレンマ」授業批判――』(明治図書、一九九四年)や『宇佐美寛・問題意識集　12「価値葛藤」は迷信である』(明治図書、二〇〇五年)も読んでいないようである。当該の部分は、もともと全国的な教育誌に書かれたものなのだから、不勉強である。なぜ価値の対立など有り得ないのか。ある種の観念相互の対立を「価値の対立」と名づけるのが、なぜ誤りなのか。右の二冊で読んでいただきたい。

「手品師」に書かれた状態の場合、その子どもを大劇場に連れて、一緒に行けばいいのである。(何かの)対立・葛藤の状態は解消する。

はたして「価値の対立」だったのか?

言葉を疑いながら使わねばならない。「約束」という語を使うなら、手品師は、その職業人生の全てを通じて「観客にすぐれた芸を見せる義務を果す」という約束をしているのである。それだけの誇りも無い人物を道徳教育でとり上げるのか!

「不特定の他者に対する義務は明瞭に言語化されていないのだから、それは『約束』ではない。」などと反論したいのだろうか。そんなことを言っているから、自分の知人・身内には親切だが、不特定の他者の迷惑には無関心だという子ども(もちろん、おとなも)になるのだ。「旅の恥はかきすて」的人間になるのだ。

だから、「手品師」の事例は、価値の対立ではなく、二つの約束という事実の対立である。（同時に二つの約束は果せないという時間・空間的対立である。）事実の対立だからこそ、「子どもを大劇場につれていく」という新たな事実を作って解決できるのである。

私は、「序論」で、福島県立会津若松看護専門学院の封筒を研究上の連絡のために使ったという事例を分析した。

〈事実〉・〈価値〉という概念を使って、あの事例を分析しなおすと、どうなるだろうか？

おそらく、〈公〉・〈私〉という概念の粗雑さが顕在化するだろう。当然、この二つを対立させる不毛な二元論の欠陥も見えてくるだろう。

9. 「正義とケアや、他の道徳的価値との間で対立が生じた（ように少なくとも見える）場合に、」

……「見える」とは、だれにとって「見える」のか？　つまり、「見る」のは、だれが見るのか？　価値と価値との対立は、「見える」ものなのか？　「見える」とは比喩である。この窓から虹が見える。それと同じ意味で「見える」のか？　だれかが「対立」と見なしたということに他ならないのではないか?

10. そうだとすると、対立が生じた場合と、そう見える場合との差違を、その当事者は、どのような方法で認識するのか? 換言すれば、全ての場合は、「対立が生じたと見える」場合ではないのか? 私にとって、虹が存在する場合とは、私にそれが見えた場合と同じである。二つの場合を、どう区別するのか? また、区別する必要が有るのか?

きりがない。アホらしい。ちょうど一〇になったので、ここでやめておく。

こういう駄文、悪文の筆者たちには、「正義」「ケア」など論じる資格が無い。(意味不明な悪文で老人の頭を悩ませ、いらいらさせるのは、「ケア」に反するのではないか?)

彼らは、もっと早く、適切な論理学教育を受けるべきであった。

こういう低学力批判の文句を、現今の怠惰な「ひよっ子」的大学院生どもに対してではなく、一応の大学教授たちに言わねばならない。これがわが教育哲学界の現状である。暗い気持である。

右に引用したのは、一段落である。もっと長く、何段落も引用してこのような(1—10のような)分析をしながら読もうとすると、大変である。範囲が広いのだから、不整合・矛盾の数は増加する。私は、その批判だけで、著書を何冊も書かねばならないことになる。

この研究討議「教育における正義とケア」が行なわれた二〇一一年の学会大会には出席しなかった。老齢なので、遠方まで旅するのを避けたのである。

行かなくてよかった。行ってこの研究討議を聞いていたら、怒りで血がたぎって、どうなったことか。老人には刺激が強すぎただろう。

第4章　ディレンマ

——二元論の狭さ——

I

教師が働きかけるということは、「これ以外の他のことは気にするな。」という意味を伝えていることである。

何かを問い考えさせるという行為である発問も、「他のことは考えるな。」と指導しているのと等しい。

これは、哲学では、「志向性」(intentionality)の問題らしい。Searle の "Intentionality—An essay in the philosophy of mind—" (1983)を読みながら考えている。

「この思考範囲の限定をしていいのかどうか。」と私も教師として、ときに考える。

前章(第3章)の「手品師」を教える教師には、そのような悩みが有るべきである。つまり、限定の正当性についての自覚が要るのである。

大劇場へ行くか、子どもとの約束を守るかのどちらかを選ばなくてはいけないという根拠は、どこに有るのか。どこにも無い。子どもを連れて一緒に大劇場へ行けばいい。それだけのことである。何を悩ませるのか。

かつて、「その子どもの家がみつからないのだ。」などと、イチャモンをつける教師がいた。私は「おまえが、よく探せ。探しもしないで、なぜ文句を言うのか。」という趣旨を言った。

「手品師」は、しょせん、作り話なのである。書かれていないことは、たくさん有る。子どもが住んでいる場所は明瞭ではない。

それなら、探す努力をするのだ。そう解釈しては、なぜいけないのか。なぜ、どちらかを選ぶ二元論者の貧しい頭に奉仕して、「子どもの住所は不明だ。」という方向に作り話をするのか。「子どもを連れていく。」という想定は禁じられ、「子どもは見つけ得ない。」(つまり、「二つの道のどちらかを選ばざるを得ない。」)という想定の方は許されるのは、なぜか。

これは、「どちらか」以外の余計なことは考えるなという授業である。考えてもいいと許されたことだけを考えねばならないのである。

私は、すでに、くり返し次のように書いていた。『宇佐美寛・問題意識集 12「価値葛藤」は迷信である――「道徳」授業改革論――』(明治図書、二〇〇五年、三〇―三二ページ)

> 私はすでに十九年前に著した『「道徳」授業批判』(明治図書、一九七四年)で、このような独善・横暴について、次のように書いていた。(同書、七二―七四ページ)
>
> > 私は、落語に出てくる「ウワバミ」という語の説明が思い出されてならないのです。「物根問」だったでしょうか、八っつあんがもの知りを自任している御隠居さんにいろいろなものの名前のわけをたずねるのです。イワシは、海中の岩にシッと小便をかける犬みたいな習性があるから「イワ・シ」であり、ヒラメは平ったいところに目があるから「ヒラ・メ」であり、ホウボウは、特にかぎられた場所ではなくほうぼうでとれるから「ホウボウ」だなどといっているうちは、まだよかったのですが。
> >
> > 八「それじゃ、ウワバミってのは、どうしてウワバミなんで。」

隠「うん、ウワバミ……？　ウワバミーっと、そうだな。ウワッ（大声でどなる）」
八「お、驚いた。おどかしちゃいけねえ。」
隠「そのウワってのがあると思いねえ。」
八「うん、ウワってのがあると……。」
隠「そのウワがバミたと思いねえ。ウワがバミたからウワバミだ。」
八「へえ、ウワなんてのはバミるもんですかねえ。あっしゃウワなんてものはバミるものじゃねえと思ってましたがねえ。なるほどねえ。」
要するに、まず「うさぎが橋の上でおおかみとあったと思いねえ。おおかみがどなったと思いねえ。……」と、ごく粗く事実経過をならべてのみこませ、次に「おおかみは、くまの親切に感激したと思いねえ。ひとに親切にするのは大事だと思いねえ。」と「思わせ」ようとしているわけです。いいかえれば、事実の重みがないので、「思いねえ」といわざるをえなくなるのです。十分に詳しい事実を与えないので、子どもは「親切」の方向では考えず、他の方向（たとえば弱いものどうしの団結）で考えるかもしれないのですが、そう考えられては困るので、教師側のねらいである「親切」の方へ「思いねえ」とひっぱってゆくわけです。このようなやりかたをかりに「ウワバミ主義」とでもよんでおきましょう。

このウワバミは、「道徳」授業において、のさばっているものです。さきの「こおりついた風力計」もそうです。子どもたちは、野中到は「正しい目標」を立てたと考えなくてはいけないのであり、「ひとたび心にきめたことは……最後までしんぼう強くやり通す」のはよいことだと考えなくてはいけないのです。「野中は政治的に動いて、まず国家の援助をとりつけるべきだった。」とか、「いったん心にきめても、まちがっているかもしれないので、ときどきは反省してこれでよかったかどうか確かめるべきだ。」などといい出したら、この資料の貧弱さでは収拾がつかないことになり、「ねらい」はどこかへすっ飛んでしまうことになるでしょうから、そんな方向に考えてはいけないのです。「……と思いねえ。」式の方法にならざるをえないのです。

「価値葛藤」論者は、ウワバミ主義者である。価値葛藤そのものを破られてしまっては授業にならないので困るのである。そこで、「ジレンマがあると思いねえ。」と思い込ませているのである。

思考の範囲を制限する。なぜ、その範囲を守らねばいけないのかの説明も無い。だから、納得・合意も無い。

もちろん、思考の範囲の限定は有意義であり必要であることも多い。私もその趣旨を既に述べた。（八七ページ）

どのような場合、どのような条件で、思考の範囲の限定は有意義・必要なのか？

とにかく、限定の正当性の説明が要る。それが無ければ、学習者は納得しない。また、納得すべきではない。

Ⅱ

ところが、子どもの思考を「ジレンマ」に直面させる教育方法が、正面から（何らのためらいも無く）主張される。

二つの考えが対立し、そのどちらかを選ぶという思考は望ましいのか？　どのような問題についてならば、望ましいのか？

「われた花びん」という道徳の資料が有る。（荒木紀幸編著『道徳教育はこうすればおもしろい――コールバーグ理論とその実践――』北大路書房、一九八八年、一八三―一八四ページを引用する。）

10－A「われた花びん」

「けいちゃん！」

信号が青になると交差点のむこうから、きょうものり子がかけてきた。家が近所で、小さいころからよく遊んでいた二人は、五年生になっての組がえで同じクラスになった。いつも明るく元気なけい子にくらべて、のり子は気が弱く、友だちが少なかった。しかし、けい子と同じクラスになって以来、毎日楽しく学校へ通っているようだ。

「おはよう、のりちゃん。」

二人は、きのうのバレーボールのこと、夏休みのキャンプのことなどを話しながら歩いた。

その日の二時間目の体育が終わってからのことだった。教室へ帰るとちゅう、二人は、また歩きながら話を始めた。そして、学校から帰ってからのことなどを話しているうちに、時間のたつのもわすれていた。三時間目の始まりが近づいたとき、けい子はのり子が日直であることを思いだした。

「のりちゃん、日直じゃない。早く行って準備しなくちゃ。」あわててのり子が教室にもどろうとしたとき、右手がぶつかって、ろうかのすみの花びんがゆかに落ちてしまった。思わず立ちすくんだ心配そうなのり子を見て、けい子はかけより、散らばった花を花びんにもとどおりにさしながら言った。

「だいじょうぶよ、われてないわ。わたしがもとどおりにしておくから、のりちゃん、日直でしょ。」

その花びんは、校内美化運動の一つとして、各クラスが責任をもってあずかっていた大切な花びんなのである。

帰りの会のときだった。

一郎が手をあげて言った。

「ろうかの花びんの口にひびがあるんだ。朝、ぼくが見たときは、何でもなかったんだけど。」

けい子は、「ハッ」として、思わずのり子の方を見た。

のり子も不安げな顔で、けい子を見つめている。

「今日の日直は、いつ水をとりかえたんですか。」

「日直はだれだ。」
クラスのみんながざわめきだした。

同書の執筆者の一人である徳永悦朗氏は、これを「ジレンマ資料」と呼び、次のように言う。

（同書、三九ページ）

すなわち、この資料を「友情」という面から考えるなら、二人の友情を守るように判断すればよいだろうし、「正義・勇気」の面から考えるなら、自己の良心に従って判断することが大切になってくる。

しかし、二つの価値を併せ考えるなら、二人の友情を守ろうとすると正直に言わねばならぬという「正義・勇気」を犠牲にし、正直に言うことを貫こうとすれば二人の友情を犠牲にしなければならない。

このような状況に追い込まれたら、子どもたちは一体どのような判断をするのだろうか。おそらく二つの価値を同時に考慮しながら、判断を下した結果起こり得るプラス面のこととマイナス面のことを検討していくほかないだろう。その結果子どもたちは「正義・勇気」を通して「友情」の

あり方を考え、「友情」を通して「正義・勇気」のあり方を考えていくことになるのである。（傍点は原文）

（なお、以下、宇佐美は“dilemma”を原発音に近く「ディレンマ」と表記する。これに対し、右の荒木氏の編著書の表記は「ジレンマ」なので、引用はそれに従う。）

さらに、同書によれば、ディレンマも、それについて判断させる授業過程も、「オープンエンド」なのだそうである。「ジレンマの内容はオープンエンドであること。」（四二ページ）「教師の援助のもとで子どもたち自身による相互のディスカッションを展開の中心にすえ、原則としてオープンエンド（全員を一つの考え方のもとに収束することをねらいとしていない）という特徴をもつこの授業過程」（三一ページ）という文言がある。

私は、このようなディレンマ資料とその授業を批判した。以下に引用する。前出の『宇佐美寛・問題意識集12　「価値葛藤」は迷信である――「道徳」授業改革論――』一八―二三ページである。ただし、初出の形は『授業研究』臨時増刊『道徳教育改革のためのアッピール――第一回道徳教育改革会議報告集――』一九九〇年に収めた論文「『ジレンマ』くだき」である。

この「ジレンマ資料」が示している事態は、異常であり、不健全である。特に乱暴な行動をしたのでもないのに、右手が花びんにぶつかり、花びんはゆかに落ちたのである。花びんの置き場所が悪いに違いない。その置き場所を定めたのは、だれか。

また、花びんにひびが入ったくらいのことで、なぜこんなに心配したり、ざわめいたりするのか。買えばいいのである。その金をどこから出すかを相談すればいいのである。それくらい学級の、つまり共通の費用で出せばいい。故意ではなく、また特に異常な失態でもないのに、花びんが落ちたなどというのは、のり子が悪いのではない。軽く考えて買いなおせばいい。買いなおせないほど高価な花びんなのか。それなら、たやすく落ちるような場所に置く花びんとして、そんな高価なものを選ぶのが悪い。

右のように、花びんの代金の出し方、花びんの選び方、置き方から考えるべきなのである。現実の経験においては、そのように考えるのが当然である。

のり子とけい子は、右のように広く考えるべきだし、「クラスのみんな」にも、そのように考えさせるべきなのである。例えば、けい子は、次の趣旨の発言をするべきである。

「花びんと人とどっちが大事ですか。花びんと暖かい楽しいクラスとどっちが大事ですか。特にそそっかしいわけでもなく、まして故意ではないのに、花びんを落としてしまったのです。そののり子さんが、どうして、こんなに気にして、かくす気持ちになるのでしょう。みんなの追及がこわいからです。花びんのひびは気にしても、ひびを入らせてしまった人の気持ちのことは気にしていない冷たい雰囲気の学級……。何が『美化運動』ですか。『美』とは、花びんの外形のことですか。」

そのとおりである。このクラスの(そして、この資料に「ジレンマ」を求めたがる人の)考え方は、まったく唯物論的である。花びんは、たかが物なのである。心の方が大事である。

花びんを単なる物と考え、買い方、割れた時の補充のし方を予め定めておけばいい。予め定まっていなくても、この場合、あっさり買い換えた上で、今後このような場合どうするかを定めればいい。それだけのことである。割れた時のために予備の花びんをいくつも買っておけばいいとさえ思う。不可抗力的な過失でひびを入らせた子までが、こんなに悩み気にせざるを得ないようなクラスの冷たい唯物論的規律を除去しなければならない。そのためには、たかが物である花びんは金で買えるのだという実感を持たせるべきである。

徳永氏・荒木氏のような論者(「ジレンマ」論者と呼ぶ)の視野が狭すぎるのである。あるいは、「ジレンマ」論者が依拠しているコールバーグ理論の狭さがもとなのかもしれない。

道徳とは、社会的状況における個人の行動のための意志決定のことである。この意志決定をするための判断において、「ディレンマ」とは何か。ディレンマなど無い方が望ましい。道徳的判断は、ディレンマを解消する方向に働くべきものである。

読者は自分の生活の中の道徳的判断を思い出していただきたい。私は、自分の研究の発展を望む。また、自分が健康であることをも望む。だから、研究をとるか、それとも健康が大事かといったようなディレンマは望まない。ディレンマは、なるべく避けるような工夫をする。自分の生活設計全体をよく考え、時間とエネルギーの配分を工夫する。無駄な事柄で時間・エネルギーを使わないようにする。浮いた時間・エネルギーを加えて、研究と運動・睡眠との間の、時間・エネルギーの予算配分を考える。

私に限らず常識人は、そのように生きる。AかBかのディレンマが起きていると一見思える時でも、AかBかのどちらかを「全か無か」式で選びとるというような「単細胞」で無思慮な決定はしない。例えば、より大きな文脈であるCを考慮に入れてA・Bの両方をともに成り立たせる。(先の例で言えば、花びん観を疑い、学級の管理的雰囲気を批判し、花びんを買う金の方を考える。これによって、花びんをのり子が落としたのだという報告をしても友情は傷つけないような論理構造を作るのである。)あるいは、まったく別の選択肢であるDを考え出して、A・Bの双方ともを無意味にしてしまうのである。また、A・Bを「全か無か」ではなく、半々とか、A六、B四の割合とかで選ぶのである。また、Aを選んだとしても、次の機会にはBを選ぶという見通しの付帯条件を加えるのである。

ディレンマにおいて、選択肢のどちらかを「全か無か」で選ぶというのは、低劣な思考である。「道徳」授業は、ディレンマ思考の誤りをおかさないような思考方法を教えるべきものである。つまり、右のように広く多面的に考えることによって、一見ディレンマと見える事態を分解してしまう「ディレンマくだき」を教えるべきものである。

資料作成と授業とを行なう頭が狭すぎるのである。このような資料における「ジレンマ」を解消しようと努めてはいない頭である。そして、子どもにまで、この「ジレンマ」の枠を押しつけているのである。これがディレンマであるかどうかを疑う機会を子どもに与えないのである。

このような資料・授業過程が「オープンエンド(全員を一つの考え方のもとに収束することをねらいとしていない)」なものだなどと言われるとは、驚き目を疑う思いである。この「ジレンマ」をまさに「ジレンマ」だと思って、二つの「価値」のどちらをとるか決めろという枠組の中で思考させるのは、一つの考え方を強いていることである。子どもの思考に差異があっても、しょせん、教師が定めた「ジレンマ」の枠内の差異にすぎない。これでは、end は open ではなく、closed である。

閉じた枠内の思考をさせているのである。

「ジレンマ」論者が「ジレンマ」と「オープンエンド」を併せ称するのは、まったく不思議である。本当にオープンエンドに思考させたら、ディレンマは成り立たない。ディレンマに直面し、どちらを選ぶか考えるような思考にはならないのである。逆に言えば、思考の中にディレンマが生ずるのは、思考の枠が狭すぎるからである。オープンエンドではないからである。「オープンエンド」な「ジレンマ」などというものは「丸い四角」と同様、矛盾概念であり、実際には有り得ない。

「神にディレンマ無し」である。神は、すべての事実を知っている。また今後の事実もすべて予測できる。そのような存在は、どのような意志決定はどのような結果に到るかが明確にわかる。だから、神はディレンマを味わうことが無い。

人間は、もちろん神ではない。しかし、そのように先が見え準備が出来ていてディレンマが無い状態に近づいた方が幸福である。望ましい道徳的判断は「ディレンマくだき」なのである。

現実の社会で積極的に生きようとする人間は、ディレンマに追いこまれないように努力する。そのために、広く情報を得、多様な手のうち方を考え、実行する。思考・行動に、広さ、柔軟さ、粘りが要るのである。

「ジレンマ」論者は、子どもたちに不自然・不健全・非現実的な狭い、粘りのない思考をさせている。「われた花びん」の場合でも、子どもがするべき望ましい思考は、「校内美化運動」のために花びんを置く計画そのものを考慮に入れねばならない。それなのに、ディレンマを意識するディレンマ思考には、この多様な要素を含む広い文脈が見えないのである。

徳永氏は言う。（四一ページ）

> モラルジレンマ物語を創作する際、以下のような点に留意している（荒木、一九八七）。
>
> ① 状況はできるだけ簡潔にすること。
>
> 状況が複雑すぎると子どもたち一人ひとりの状況把握に差が出て、話し合いが深まらない恐れがある。

このように状況の事実をなるべく知らすまいとするから、子どもの思考は狭くなり非現実的なディレンマに追いこまれるのである。

さきに引用した「二つの価値」すなわち「正義・勇気」と「友情」とに関する文章を再び見ていただきたい。「ジレンマ」論者は、〈価値〉などという空疎な言葉の種類を念頭において資料を作り、読む。だから、資料の文章が責任を持って示すはずの事実は見えない。それどころか、事実が邪魔になって、「簡潔」な記述を要求するにいたる。
子どもの道徳的判断が責任を持つべきは、資料に対してではない。教師の意図に対してでもない。現実の事実の中でなのだから、当然のことである。
資料は、事実の記号である。記号が不十分で事実が不明ならば、その分は考えて補い正すのが当然である。資料を批判するのが当然である。
私が「けい子」に発言させたように、この事件に表われた諸問題（この学級の冷たい秩序、「美化運動」における花びんのあり方等）にまで思考が及ばなければならない。そのような問題を考え得ない話し合いが、なぜ「深ま」ったものなのか。ディレンマ思考は徳目（価値語）に毒されて事実を見ようともしない狭い思考である。

このようなディレンマ思考は、どのような質の言葉に毒されて（刺激されて）行なわれるのか？

教育方法の多くの問題は、言葉と経験（経験される事実）との関係の問題である。

ディレンマ思考において、言葉と経験とは、どのような関係にあるのか？

このようなディレンマ学習と前述の（第1章の）ディベート学習との共通性は何か？

例えば、ともに舶来の二元論(dualism, dichotomy)的発想である。

なお、「道徳」授業におけるディレンマ学習を私は左の著書で批判した。読んでいただきたい。

宇佐美寛『「道徳」授業における言葉と思考――「ジレンマ」授業批判――』(明治図書、一九九四年)

第5章　言葉と経験
――「地図」と「現地」――

Ⅰ

ここまでに出てきた言葉、例えば「ディレンマ」や「正義」・「ケア」等は、学習者の経験の中で学習者自身によって使われている語ではない。その経験について語る人間(多くの場合は他者。これらの場合は教師)が語るために当事者の経験の外側で使った語である。

つまり、同様に、(仮にディレンマという状態が有るとしても、)まさに、今その渦中にいる人間自身が、その状態を「ディレンマ」と呼ぶとはかぎらない。

経験はきわめて因子的で様ざまな事柄が絡みあっている。言葉は、その一部分に標札を付けたに過ぎない。

また、一般意味論(general semantics)のよく知られた標語「地図(map)は現地(territory)ではない。」を思い出していただきたい。地図というものは現地のある特徴のみを図化したものである。だから、ある目的のためにだけならば、ある地図は有効である。他の目的のためならば、無効である。

日本列島の大体の位置を知るためならば、世界地図は有効である。しかし、我孫子市の私の住居をたずねて来るのには、世界地図はまったく無効である。

経験と、それについての言葉との間にも、このような関係がある。

ある種の言葉は、経験のある特性をとらえているので、ある種の働きかけ(実践)のためには、有効である。他種の言葉では、経験とのこのような関係が無いので、実践には無効である。

教育における言葉——経験のこのような例のうち、どのようなものを特に分析・検討したいか？

「正義とケア」のような言葉は、右の一般意味論の比喩で言えば、出たらめの不正確な地図なので、これに頼って行動するのは危険である。事故が起こる。いかなる行動のためにも有害な地図である。既に第3章で論じたとおりである。

Ⅱ

私は、拙著『作文の教育――〈教養教育〉批判――』(東信堂、二〇一〇年)に、次のように書いた。(三―五ページ)

宮本武蔵『五輪書』に、次の箇所が有る。

> 一、有レ構《かまへありて》無レ構《かまへなし》のおしへの事、有レ構無レ構と云は、太刀をかまゆると云事あるべき事にあらず、され共五方に置事あればかまへともなるべし、太刀は敵の縁により所により、けいき（景気）にしたがい、何れの方に置たりとも、其敵きりよきやうに持心也、上段も時に随ひ少さがる心なれば中段となり、中段を利により少あぐれば上段となる、下段もおりにふれ少あぐれば中段となる、兩脇の構もくらいにより少中へ出せば、中段下段共なる心なり、然《しかる》によつて、構はありて構はなきと云利（理）也、先《まづ》太刀をとつては、いづれにしてなりとも、敵をきると云心也、若《もし》敵のきる太刀を受る、はる、あたる、ねばる、さわるなど云事あれ

ども、みな敵をきる縁なり、心得べし、うくると思ひ、はると思ひ、あたるとおもひ、ねばるとおもひ、さわるとおもふによつて、きる事不足なるべし、何事もきる縁と思ふ事肝要也、

〔高柳光寿校訂、岩波文庫、一九四二年、三四―二五ページ〕

一、他流におゐて、つよみの太刀と云事、太刀につよき太刀よわき太刀と云ふ事はあるべからず、つよき心にてふる太刀はあらき物也、あらきばかりにてはかちがたし、又つよき太刀と云て、人をきる時にして、むりにつよくきらんとすればぼ、きれざる心也、ためしものなどにきる心にも、つよくきらんとする事悪し、誰におゐても、かたききりや《（切合）》ふに、よわくきらんつよくきらんと思ふものなし、唯人をきりころさんとおもふ時は、つよき心もあらず、勿論よはき心にもあらず、敵のしぬるほどゝ思ふ義也、若《もしく》はつよみの太刀にて、人の太刀つよくはれば、はりあまりて必あしき心なり、人の太刀に強くあたれば、わが太刀もおくれたくる《（がカ）》所也、然によつてつよみの太刀などゝ云事なき事也、

〔同右書、七二―七三ページ〕

かつて、私は右の趣旨を次のように解説した。(『宇佐美寛・問題意識集7　論理的思考と授業の方法』明治図書、二〇〇三年、一三一―一三二ページ。なお、初出は宇佐美寛『思考指導の論理』明治図書、一九七三年、一二二ページ)

武蔵のいうことを、私のことばでとらえなおすと次のようなことになるであろう。敵と切りあう時に、たしかに太刀を持つものは、構えてはいるのであり、いろいろな構えがある。しかし、それは、他人が外から見て、そう見ることができるというだけのことなのである。切りあう本人は、ただ敵を切ろうとするだけであり、それ以外は意識しないのである。敵の太刀への応じかたに、「受る」・「はる」・「あたる」・「ねばる」・「さわる」などといわれるものがあるが、切る本人が、その型を意識しては、切れないのである。ただ切るつもりで敵の太刀に応じた時、その時の諸条件により、応じかたにちがいが出てくるのであり、それを外から見て右のように区別して名づけているのにすぎないのである。だから、構えは、「あって、ない」のである。太刀ふりの強弱についても、道理は全く同様である。切りあう時には、敵を殺すほどの強さで切っているのであり、切り殺そうとしているだけなのである。その時、その相手を殺そうとして太刀をふる動きとは別に、太刀の強弱を問題にすることはできないのである。

この「解説」を前節(I)の論旨と比較すると、どこが共通であると言えるか?

大きく言えば、言葉と経験との関係の問題である。相手を切る経験は、多因子的であり流動的な過程である。だから、言葉は、この過程に部分的に対応する表札を掲げるに過ぎない。その表札は経験においてどういう役割を果すか。

構え・太刀ふりの強弱について、経験の事実と合致した言葉が使われたとしても、それはかえって有害なのである。その言葉を意識したのでは、相手は切れない。

切る本人が意識する(意識してもいい)言葉と、事後的に(切った後に)他者がその過程を分析するために使った言葉は違う。どちらも、うそではない。どちらの言葉も事実に合ってはいる。しかし、言葉の働きは違うのである。

私は、また次のようにも書いていた。(前出の『作文の教育』五―六ページ)

もう三十余年も昔のことである。長男に自転車乗りを教えた。初めは団地の中の道路で教えた。自動車はあまり通らないが、それでも気になる。道路をはずれて芝生に入ってしまうのも困る。

考えを変えた。近所の中学校の校庭で気がむくままの方向で走らせた。どんどんペダルを踏めとだけ言った。校庭は広いから、何も気にせず、とにかくこげばいい。走っているうちに、ハンドルさばきも、ブレーキの使い方も、自然に身について、出来るようになった。

この自転車乗りの例については、『宇佐美寛・問題意識集2　国語教育は言語技術教育である』(明治図書、二〇〇一年)特に第2章を参照されたい。

この自転車乗りの(指導の)例と直前の宮本武蔵『五輪書』の例を比較すると、言葉――経験の問題について、どういうことが考えられるか?

私は、『作文の教育』では、〈技術〉の観点で、次のように論じていた。(六―七ページ)〈言葉〉問題に移行させると、どういうことが言えるか?

相手を切る、これが切り合う時の武士の目的である。それしか意識しない。この目的のために全力を尽す。切るための動きをする。エネルギーの全てはこの動きのために流れる。

この動きは、様ざまな多くの技術から成っている。つまり、外から見ると、多くの形の動きから成っているのである。しかし、そんな諸技術を意識してはならない。(脚の動かし方を気にして歩けなくなるムカデの例も有る。)相手を切るという目的を持ち、その目的のために動けば、多くの技術は自ずから生じている。切ろうという目的意志によって動けば、技術は自ずからついてくるのである。

自転車の練習も同様である。乗って走るという目的意志が働いていればいい。ただペダルを踏めばいい。自転車は速く走る。速く走れば安定する。ハンドルさばきは、このエネルギーの流れにおいて自ずから出来るようになる。

この逆に、走っていない自転車、ゆっくり(したがって、ふらふら)としか走っていない自転車に乗っているとする。この状態でハンドルさばきを学ぶことは不可能である。

同様に、相手を切ろうという意志による行為が必要である。この行為が無いところで、刀の構え方や振り方の技術を学ぼうとするのは無意味である。なぜその型の技術を用いるべきなのかが当人は実感できないのである。実践(実戦)とは切り離して、技術だけを教えようとする悪しき形式主義である。

はたして、その種の技術は要るものか。無効ではないのか。あるいは、その種の技術は無効どころではなく、すきを作り、負けに導く有害なものではないのか。……実践から切り離された形式主義では、このような問いは考えつきもしない。

平和が続き、実戦の機会が無くなった時代には、右のような形式主義の流派が流行する。道場でのけいこで、技術の形式をやかましく言う。しかし、そのような道場の剣士は(形は見ばえがよくても)、実力は無く、実戦では弱い。

Ⅲ

かつて拙著『思考指導の論理』(明治図書、一九七三年)に、次のように書いた。ただし、同書は、今日、在庫切なので、入手の便宜に配慮し、その一部分を再録した著作集の一冊『宇佐美寛・問題意識集　7　論理的思考と授業の方法』(明治図書、二〇〇三年)一一一―一一六ページを引用する。

小学校四年の社会科、「いろいろな土地とくらし」で、渡辺平一氏〔香川大学教育学部附属高松小学校〕の指導した「水の多い佐原市ふきん」の学習の事例の記述を以下に引用する。

「『水の多い平地で裏作ができないのは、水はけが悪く作物がつくれないからである。』という目標であった。」

（一）子どもの疑問をたいせつにする

授業のはじめに「佐原市ふきんの地形図」を出した。子どもたちは、地形図を見て、それから気づくことをいろいろ発言した。……子どもの発言を聞いていて、わたしは「佐原市ふきんでは、どんなものがつくれるでしょうか。」と問いかけてみた。子どもたちは、平地で水が多いらしいから「米をつくっているのではないか。」「野菜や、麦もつくっているのではないか。」と答えてくれた。…わたしは、この地域にいる「大西さんの書いた作文」を提示した。（「わたしのうちは米ばかり作っていて麦や野菜は作っていません。だから野菜などは、トラックで売りにきたものを買います。』）……米や、野菜をつくっているのではないかと考えていたのに、裏作としてなんにもつくっていない事実を知った子どもは、「おかしい」という疑問を持ったのである。

（二）疑問に対してまず子ども自身が自分の力で仮説をたてることを重視する……「裏作を

しないわけをいままでの勉強をもとに考えノートに書きなさい。」といって各自に書かせた。

……子どもたちは、「高知市ふきんの二期作」で学んだこととつないで考え「土地がやせていて裏作ができないのではないか。」という意見と、「雪の多い横手市ふきん」とつないで考え、「雪が多くて裏作ができないのではないか。」という意見におちついた。……水が多くてつくれないという意見はでなかった。……さらに授業は、各自でつくった仮説をみんなで話しあい、学級としての仮説にまとめていったのである。……「どんな資料があるとはっきりしますか」と問いかけてみた。「雪がたくさん降るか、どうかの資料がほしい。」ということになり、次のような資料を見せた。〔「雪の多い地方」という年間積雪量を示す地図〕資料をみた子どもは、雪が降らないということに気づき「この地域では、雪が降らないのに裏作ができない、どうしてか。」と考えこんだのである。「土地がやせているのでは」ということになり、これについても、米がよくとれ土地がやせすぎてとれないということはない、と教師の方から知らせたのである。さて、「雪もつもらないし、土地もやせていないとすると、ほかにどんなわけがあるのだろうか」という問題が、子どもひとりひとりに把握されたのである。

（三）　仮説を修正し、よりたしかな論理をつくらせる

いままでの段階は、子ども自身の力で、思考を進めてきたが、この段階では、教師の用意し

た具体操作が投入されて、子どもの思考のゆきづまりが打開されることになるのである。……まず、このふきんの断面図と用水路の地図をみせた。断面図と用水路の地図をみせただけでは、子どもは反応を示さなかった。「佐原市ふきんでは何がつくられていたのですか。」と聞いてみると「米です。」と答えたので、米というカードを取りだし黒板にはった。「何がつくれないのですか。」と聞くと「麦や野菜です。」という。そこで、麦と野菜のカードを黒板にはった。さらに「田」と書いたカードとなんにも書いてないカードを黒板にはって、「この四枚のカードをつないで考えてみるとわかるかも知れないよ。なお断面図や用水路からもよく考えてみましょう。」といって、子どもたちに操作させたのである。……なかなかむつかしそうである。「米がつくれるのは、どこかなあ、土地のようすに目を向けてみましょう。」という助言を与えると、「米」と「田」をつなぎ、「麦・野菜」と「書いてないカード」をつないで考えこんでいるのである。「米は田でつくっている。麦・野菜がつくれないということは、田から畑にかわらないのではないか。きっとそうだよ。」ということになった。……そこで「稲の取り入れをしたあとにたくさん水のたまっている写真」をみせた。ここでみつけた論理を文章で、次のようにまとめた。「佐原市ふきんで裏作をしないのは、水はけが悪く作物がつくれないからである。」子どもたちは、断面図と用水路を関係づけ、四枚のカードを操作して、裏作のできないわけをみつけだしたのである。

（四）　仮説をつかい自分の考えを広め深めていく

「佐原市ふきん」でみつけだしたことをもとにして、よくにた地域について考える段階である。「佐原市ふきんによくにた所を知っていますか。」と聞いてみると、誰も知らないようである。そこで、「輪中ふきん」と「柳川市ふきん」の写真をみせて、水が多くて困っていることを話したのである。そして、「柳川市ふきん」では冬にいぐさをつくっていることを知らせると、子どもたちは、「柳川市ふきん」では、どのようにしていぐさをつくっているのであろうか、「輪中ふきん」では、どうだろうか、調べてみたい、といいだしたのである。
このことについては次時の学習にゆずることにしたのである。〔渡辺平一「社会科授業における思考方法の指導」『授業研究』一九六九年一一月号〕
右の事例の検討をはじめるに先だってまず、高松小学校の著書『思考操作の学習』や同小学校の関係者の論文によって、この事例のような「操作学習」の基礎的概念を知っておこう。

操作学習を原理的に定義すると、「葛藤場面に直面して自主的に仮説を立て、解決の手だてを考え、教師の指導や助言のもとに主体的に解決を行なうと共にそこでえた新しい操作力に習熟することをはかる学習過程である」といえる。〔稲井広吉「操作学習の思考指導」『授業研究』一九六九年一一月号〕

……それ〔操作学習〕は「子どもの内発的動機づけをもとにして、積極的な行動によって思考する学習」というように定義される。〔玉村稔「思考操作学習とは」『教育科学・社会科教育』一九七一年八月号〕

操作的思考は、類別思考(分析・比較)、関係思考(因果・結合・総合)、条件思考(観点変更・適用)から成っていて、すべての概念や知識はこれら三つの作用を通して形成せられる。したがってこれに応じて操作様式も、「くらべる」「つなぐ」「変える」の三つに要約することができる。思考操作は、これら三つの操作様式を手だてとして、初めて有効に進めていくことができるのである。

操作学習の一つのねらいは、類別、関係づけ、観点変更等の思考のしかたを習慣づけ、身につけさせることであるので、操作学習の指導では、毎時間の授業における操作様式の訓練を重視する。附属校における実践から具体例を引用すると、教師は日頃の指導において次のような指導をくり返し行なっている。「米づくりができるわけを、いままでの勉強とつないで考えましょう」（四年、社会、山地のくらし）、「話の中に出てくる動物たちを、今までに読んだ話の動物たちとくらべながら聞きましょう」（二年、国語、ブレーメンの音楽隊）、「仕事に目をつけてみましょう」（四年、社会、山地のくらし）等がある。

他方、授業の中では子どもたちにもこの「くらべる」「つなぐ」「かえる」の三つの用語をそのまま使わせて操作的思考に慣れさせ、訓練の徹底を期している。たとえば実践例から引用すると、「わたしは、おにぎりのふりかけの時の、きなことごまのこととつないで、砂と土のちがいを考えました」（三年、理科、土―砂と土のちがい）、「ぼくは手と足のはたらきを、つないで考えました。手をのばすかわりに、足をちぢめるとよいと思います」（五年、体育、閉脚腕立とびこし）、「真の力は、そうぞうしさをともなわないが、しかし常に働いているのだというシュバイツアーの言葉は、これをうち返しにして、にせの力はそうぞうしいばかりで、少しもはたらいていないと書きかえたら、よくわかる。たとえば学級会の時には、〇〇をしよう。気をつけようなどとよくいうが、日頃はあまり実行していないのがそれにあたる」（五年、国語、アフリカの光明）等の意見発表がそれである。〔稲井広吉「操作学習の思考指導」『授業研究』一九六九年一一月号〕

現在、思考ということばは、多様に使われ、現場を混乱させているようである。類推力や推理力などをもとにした論理的思考、想像力をもとにした映像的思考という類型にはじまり、知覚的思考・帰納的思考・連合的思考・概念的思考・問題解決的思考・批判的思考・創造的思考などさまざまである。また、直観的思考と分析的思考・具体的思考と論理的思考といった対応関係による類型もいわれている。

このように多様な思考の中で、事象・表現、行為の中にあるそれぞれの概念・法則・傾向性とか創造的な表現とか、身についた技能とか、味わいを深めるとかの本質的なものを発見させるために、どんな思考が重要なのかということになってくる。それには次の三つの思考作用が考えられる。

① 類別思考……類別することによって事象のもつ意味を発見する思考作用。
② 関係思考……事象の中心構造や関連要素をみつけだす思考作用。
③ 条件思考……問題を解決するに必要な条件を考えたり、原理をみつけ、それを適用していく思考作用。

このことを、もう少し詳しい表にまとめてみよう。〔表の「内容」という項によれば、それぞれの思考作用の詳細は、次のとおりである……引用者注。〕類別思考(くらべる)……・事柄の理由を明確にして、問題発生の根源を究明し、本質をうきぼりにする。・混合されている種々な概念を整理して、意味をつける。
関係思考(つなぐ)……・原因と結果というように、連続の関連でみる。・二つ以上の要素を関連づけて、結合させたり、総合させたりする。
条件思考(かえる)……・問題を解決するのに必要な条件を発見したり、選択したりする。・固定的なものを、観点変更によって、流動的に見なおしをする。・原則を適用してみる。〔香川大学教育学部附属高松小学校『思考操作の学習』(明治図書、一九六九年)三〇—三一ページ〕

先の宮本武蔵『五輪書』とこの「操作学習」とを比較し考えよ。例えば、武蔵だったら、この「操作学習」の論理に対して何と言うだろうか?

カードを「つないで」、あんなに苦労して考えるのは、異常・不自然である。私は、次のように書いていた。『宇佐美寛・問題意識集　7　論理的思考と授業の方法』(明治図書、二〇〇三年)一二〇—一二一ページ(初出は『思考指導の論理』明治図書、一九七三年、である。)

たとえば、さきの「水の多い佐原市ふきん」の例では、教師は、字を書いたカードをつながせようとしていた。子どもたちは、それだけでは考えられなかったのである。すると、教師は、さらに「米がつくれるのは、どこかなあ、土地のようすに目を向けてみましょう。」という「助言」までしているのである。これによって、ようやく子どもたちは、カードを「つなぐ」ことができたのである。　子どもたちは、米が田でき、麦・野菜が畑でできることを知っていなかったのだろうか。そのことを、この授業ではじめて知ったのだろうか。そうではないであろう。もし、教師が「米は、どこでできますか。」とか「麦や野菜は、どこでできますか。」とかたずねたとしたら、この授業時間以前でも、子どもたちは答えられたであろう。そうだとすると、なぜ「田から畑にかわらない」ということが頭に浮かばなかったのであろうか。それは子どもたちが、田と畑とについて何を具体的に知っていたのかにかかわっている。田には水が多く、土もどろどろぐちゃぐちゃして軟らかいというありさま、これよりはずっと水気が少ない畑の土のありさまをどこまで知っていたかが問題なのである。いいかえれば、田・畑について、そこで何をすれば、どのような結果が経験されるかという予測をどれくらい豊富になし得たのかということなのである。(『思考指導の論理』第二章で、)パースのプラグマティズム格言をひいて、「もし……したらば、……だろう。」という予測ができるということが、経験と結びついた概念を持っているということだと述べたのであるが、まさに、この場合も、そのような観点から、田・畑の知りかたのなかみを検討すべきなのである。たとえば、オタマジャクシを田の中で追っているうちに、泥の中に両あしとも深くはまってしまって動けなくなった経験を持っていて、畑についても同様に直接的な経験のある子どもは、田・畑について、実に多くの予測ができるのである。このような子どもは、「もし田を畑にかえようとしたら、……しなければならない。」(いいかえれば、「もし……したら、田は畑にかわる。」)ということを、容易に考え得るのである。

この実例の場合の子どもたちが田や畑をこのように、ことばと経験とを結びつけて知っていたのだったら、カードを使う必要はなかっただろうし、かりにカードを黒板にはったとしても、「なかなかむつかしそうである」ことはなかったであろう。

カードをつなぐことなど実はあり得ないのである。つなぐとしたら、田に関することば――経験の重層構造(それが田の概念である。)と米、畑・麦・野菜のそれぞれについての同様の重層構造をつないでいるのである。だから、カードは要らないのである。カードを黒板にはらなければならなくなったのは、田・畑についてこのような重層構造が十分にないからなのであり、カードの文字を見たからといって、そのような重層構造ができるはずはないのである。この場合、「田」・「畑」などのことばの解釈内容は貧弱であり、経験とのつながりは乏しいのであり、カードの文字は経験から遊離してしまっているのである。要するに、カードはなくても、「つなぐ」ことはできるのであり、また、カードなしで「つなぐ」ことができなければ、カードをつなぐこともできないのである。しょせん、米・田、野菜・麦・畑を「つなぐ」のは、これらのものについての、ことば――経験の重層構造においてなのであり、カードの文字においてではないのである。

カードの文字のような、無内容な記号では、考えられないのである。あまり解釈することもできないのである。だから、子どもたちは、あてものでもするように苦しんで考えることになる。

Ⅳ

「過程―結果(所産)のあいまいさ」“process-product ambiguity”と呼ばれる、ある種の混乱が有る。切り方に強弱の差が有るというのは、事後的に(切り殺した後になって)結果を他人の意識で語る言葉である。正確な言葉であり、うそではない。しかし、切り合いの過程の中(渦中)で相手を切り殺す武士の意識に対応する言葉ではない。武士は自然に「切り殺そう」という強さの太刀の振り方をしているのである。**「水の多い」田んぼにおける当事者性と「操作」の用語の関係を分析せよ。**

地図(map)と現地(territory)との関係の論理を再びここで考えよう。

この場合、地図は、どんな点で現地と異なるのか？

言葉は、ある見方で対象の部分を区切りとる。区切りとった部分を分類する。

このことを私は、次のように書いていた。（『宇佐美寛・問題意識集　11「経験」と「思考」を読み解く」明治図書、二〇〇五年、四八―五三ページ。なお、初出は、宇佐美寛『思考指導の論理』明治図書、一九七三年、である。）

> 一般に、ことばは、そのことば以外のものを指し示すとか、そのことば以外のものと対応するとか、いわれている。では、どのようなしかたでの対応なのだろうか。矢が的の中心の黒点にがっちりと突きささるような一義的な確実さでの対応のしかたなのであろうか。結論をさきにいえば、ことばは、対象を分類しているにすぎないのである。今、私の手元にある文学作品から、山の景色の描写の部分を選んで引用し、考えてみよう。
>
> （一）「その日も珠のような秋の日ざしがみなぎっていた。登るにつれ、シラカンバが消え、ダケカンバの樹林の中を行くようになる。諸葉はこのうえなく濃く黄に変色していた。風も

ないのに、その一葉が梢を離れてゆっくりと落ちてくる。幾ひらかの黄葉があとを追う。そうしているうちに、ようやく一陣の風が立って、数限りない黄葉の群を、あくまで群青の秋空に吹きあげたりするのだった。」〔北杜夫『どくとるマンボウ青春記』中央公論社、一九八六年、一三〇ページ〕

（二）「私は、眠れず、どてら姿で、外へ出てみた。おそろしく、明るい月夜だった。富士が、よかった。月光を受けて、青く透きとおるようで、私は、狐に化かされているような気がした。富士が、したたるように青いのだ。燐が燃えているような感じだった。鬼火。狐火。ほたる。すすき。葛の葉。私は、足のないような気持で、夜道を、まっすぐに歩いた。」〔太宰治『富嶽百景』一九三九年、一九五四年版新潮文庫、五四ページ。現代表記に改めた。〕

（三）「私達は重なり疊なった山々を眼の下に望むような場所へ来て居た。谷底はまだ明けきらない。遠い八ヶ岳は灰色に包まれ、その上に紅い雲が棚引いた。次第に山の端も輝いて、紅い雲が淡黄に変る頃は、前夜真黒であった落葉松の林も見えて来た。」〔島崎藤村『千曲川のスケッチ』一九四三年版岩波文庫。一一四ページ〕

これらの作品の文学的価値は、今に問わない。ここで私がいいたいのは、一般にこれらの引用箇所のような文章が対象を「描写」するとか、「記述」するとかいわれているにもかかわらず、正確にいえば、対象をある類の中におさめようとしているのだということなのである。文字どおりの「描写」・「記述」・「指示」をするためには、ここに引かれたことばは、あまりに粗いのである。たとえば、(一)の例でいえば、「このうえなく濃く黄」とは、どんな黄なのだろうか。「ゆっくりと落ちてくる」葉の落ちる速度は、秒速何メートルなのか。「黄葉の群を、秋空に吹きあげる」のは、それぞれの葉をどんな高さになのか。(二)の例では、「したたるように青い」とはどんな青さなのか。「足のないような、」とはどんな気持なのか。「まっすぐに歩いた」とは、巻尺で線をひいてその上を歩くくらいに「まっすぐ」なのか。(三)でいえば、「重なり疊なった山々」とは、どんな、何重の、どの部分がずれた、重なりかたなのか、「落葉松の林」はどんな大きさで、一本一本の樹はどんな高さだったのか。

　これらの問いが問われるとしたならば、これらの引用文からは、答えは出て来ないのである。これらの文章のことばは、対象をそのようなしかたでは写していないのである。ことばがやっているのは、次のようなことなのである。すなわち、葉は「黄」の類に入るような色だとみなす。葉の落ちかたは「ゆっくり」の類に入れておく。空は「秋空」といわれるものの一種だとみなす。葉が吹かれ動いた方向は「上方」の類の中に入るから「吹きあげ」られたことにする。(二)では青さは、

「したたる」のと同じグループに入ってもよい青さなので（つまり、「したたる」と同じ性質を何らか持っているので）「したたる青さ」と名づける。「足のない」のと同質なところがある気持なので、「足のない」という類に入れておく。……

つまり、ことばを使うとは、対象をある観点から見て、ある類の中の一種とみなし、その類の名札をはりつけることなのである。私の今手にしているボールペンのインクが青だというのは、それが青グループの無数にあるメンバーの中の一つだということなのである。このことは、固有名詞についてもあてはまる。たとえば、私を見て「これは宇佐美だ。」というのは、いろいろな場所、いろいろな時において見えるものが全て「宇佐美」のとる無数のあらわれかたの中に分類でき、今ここで見えているものも、その類の中に入るのだという把握のしかたなのである。

このような分類によっては、対象である事物は写せないのである。それにもかかわらず、作者は対象を「描写」すると、しばしばいわれる。そのような場合実際には何が行なわれているのだろうか。

さきに引用した三つの作品において作者がやっているのは、次のようなことである。すなわち、風景を分類する基準を何度も変えて、異なったしかたの分類を重ねてゆくのである。富士は、①「明るい月夜」の中にあるものであり、②よいものであり、③青く透きとおるようなものであり、④私を「狐に化かされているような気」にさせるものであり、⑤したたるように青いものであり、⑥燐が燃えているような感じのものなのである。

「事物」というのは、作者に経験された事物である。いいかえれば、事物の経験である。この経験は、粗い分類であることばには移しきれない。だから、適当と思われる基準の分類をいくつも組みあわせたことばを使うのである。

ことばによる分類には、いわば、方向と密度がある。今私が使っているボール・ペンについていえば、長さ、形、インクの色、ボールの大きさ等々いろいろな方向での分類が考えられる。また、このそれぞれの方向について、さまざまな密度(詳しさ)で、たとえば形については、六角柱であり、中央に穴が一つあいていて、先端は丸くなっていて……などのことが言われるであろう。これらのさまざまな方向と密度を組みあわせることにより、一つの分類基準では到達し得ないところまで事物の経験に近づき得るが、それでも事物の経験そのものからは遠く離れているのである。

たとえば、この壁にかかっているばらの油絵を見ていない人に、その絵のままにことばで伝えることは不可能である。ひとつひとつの花びらの形・大きさ、色つや、明るさ、角度等を、それを見ていない人がそっくりそのままキャンバスに再現し得るようにことばで伝えるには、無限の量のことばを必要とする。もちろん、キャンバスについている絵具の微粒子の数と位置を厳密に伝えそれを見ていない人にその通り微粒子を置かせることは、原理的には(実際に技術的には不可(む)能であるとしても)可能であろうが、それはばらの油絵を伝えたことだとはいえないであろう。

だから、経験はことばよりも広いのである。経験をことばで置きかえ、その経験を持たないものにそのまま伝えて、経験を持ったとまったく同じ状態を生じさせることは不可能なのである。(そして、プラグマティズムは、このことを当然の原理として前提している思想なのである。戦後の経験主義的教育の批判は、この「言語―経験」の関係についての前提に気づかずに行なわれていたのであり、それが批判を著しく底の浅いものとする一つの要因であったと私は思う。)

私は、さきにあげた三つの文例に示された風景はいずれも経験していない。しかし、これらの文を読んで私は、自分がその場にいて、その風景を見ているかのように感ずるのである。

たしかに、私は、(二)の例でいえば、月夜の富士をこのように近くで見たことはない。しかし、夜、富士山をもっと遠くで見たことはある。「月光を受けて」いる他の山を見たこともある。「青く透きとおる」物体も見たことがある。「したたる」ものも、「燐が燃えている」のも見たことがある。だから、(二)の例文に書かれていることをまったく経験していないということはできない。まったく経験していない、つまり、経験ゼロのことがらなどというものを述べたことばは、まったく理解し得ないものであろう。

私は(二)の例文を解釈する時、すでに私のした経験をつなぎあわせ、組みあわせている。「月光を受けて」いる山や「富士」や「青く透きとおる」ものや「したたる」青さのものの経験は私なりにあるので、この文章のことばの解釈として、私は私自身の経験と結びつける。いいかえれば、私は自分自身の経験を材料として、ことばの解釈内容を作っているのである。

また逆の方向からいいなおせば、この月夜の富士の文章は、私の今までの経験の集積組織の中から、いくつかの部分を表面にひき出し結び合わす働きをするわけである。たとえば、「月光」・「富士」・「青く透きとおる」・「したたる」・「青さ」……などに関係する経験がひき出され、組み合わされるのである。このような組み合わせは、それまでにはなかったものである。つまり、この文章を解釈することにより、私の経験は再構成され、今までとは異なった構造になる。今までとは違った富士のとらえ方(たとえば、「したたるように青い」富士)ができるようになる。

右のような事実を、月夜の富士の「イメージ」あるいは「表象」(「表象像」)を持つとか、過去に経験した事実の記憶を「再生」するとかということもできるであろうが、それは、右の事実を心理学的な言語を使って抽象したものであり、他の一つの見かたに他ならない。この事実そのものも、ことばには置きかえきれないのであり、したがって、いろいろな記述のしかたが並立し得るのである。私がここで述べたのは、簡単な形でいいなおせば、次のようなことである。
①あることばが解釈されるためには、そのことば以外の情報が必要である。②その情報が別のことばである場合でも、そのことばが解釈されるためにはさらに別の情報が必要であり……といったように連なり、どこかで、ことばではない経験からの情報を得ることが必要なのである。

このような〈ことば〉論は、例えば言語教育（国語教育、外国語教育）にとって、何を意味し得るか？　教育研究（教育学）の〈ことば〉にとって、何を意味し得るか？

第6章　作文の授業
——教育哲学の実践構想力——

I

学生五〇名を対象に一年間の作文の授業を担当することになったと仮定しよう。（対象学年は、私の現実の場合には、大学一年であるが、以下の記述は、高校段階でも大体、当てはまる。）

もちろん、何も考えずに授業を始め得るはずはない。

では、何を考えたらいいのか？　つまり、どんな計画を構想すべきなのか？　その計画には、どんな項目(事項)が入るべきなのか？

（人数・学年・期間という項目は、既に定まっている。右に記したとおりである。）

読者は、「こんなことは、教育哲学者は考えなくてもいい。国語教育学者が考える仕事だ。」などと思うだろうか。

そんなことを思っているから、教育哲学者は仕事が無いホームレスなのである。各教科の教育、生活指導、学校経営、教育行財政…等々、教育に関する領域・問題の全ての研究から、教育哲学者は逃避することになる。現状のように、外国の思想家が何と言っているかの解説に逃げ込むことになる。そんな解説は不要・不用である。自分自身の考えが無いのが、なぜ「研究」なのか。教育を研究するべきなのであり、外国人の言説は、そのための参考資料の小部分に過ぎない。

教育社会学を見習うべきなのである。教育社会学者は教育を社会学的方法で研究するのである。だから、（可能性としては）教育の全ての領域・問題の研究において、他の方法での研究と対立・競争・共存・協力等の関係を持ち得るのである。外国の教育社会学者が何を言ったかの紹介など、研究とは見なされない。（どんな学問でも、そうだ。他者・先人が何と言ったかを祖述・紹介しても、本人自身の独創ではないのだから、研究ではない。）

教育哲学も、教育研究の全領域・全問題に突き進むべきである。教育哲学は教育を哲学的方法で研究すべきものである。

だから、私は、教育研究をしない「研究」を教育哲学の研究とは見なさない。教育哲学者は、教育という営みの何らかの領域・問題に通じていなければならない。例えば、得意の教科を作るよう努力せねばならない。

また、自力で教育の研究をしているからこそ、独創的になり得るのである。強くなれるのである。例えば、私は大学・専門学校での作文の授業をほぼ五十年してきた。若い頃は、一年間で約一万枚の作文を読んだ。(老いた今は、約二千枚である。)作文を指導する実践において、作文指導のあり方を構想し実験してきた。だから、内外の作文教育の理論を自信を持って批判できる。思考・言語問題のある部分については、自分の考えで発言できる。

若い教育哲学研究者には、「君は、教育のどこ(何)を研究しているの？　君は、何の教科が得意なの？」と問うことにしている。

外国人が何を言っているかの紹介・祖述しか出来ない大学教員など要らない。私は千葉大学を「停年退官」する前から、「私の後任は『教育哲学』という分野名で採用してはいけない。外人の解説かサルまねしか能が無い人物が来るだけだ。」という趣旨を言っていた。

Ⅱ

前節(Ⅰ)の初めに書いた問いにもどる。

何を考えたらいいのか？　つまり、どんな計画を構想すべきなのか？　その計画には、どんな項目(事項)が入るべきなのか？

実際に私は何を考え実行したのか。詳しくは、次の拙著・拙編著で読んでいただきたい。

1. 『新版・論理的思考――論説文の読み書きにおいて――』メヂカルフレンド社、一九八九年
2. 『大学の授業』東信堂、一九九九年
3. 『大学授業の病理――FD批判』東信堂、二〇〇四年
4. 『授業研究の病理』東信堂、二〇〇五年
5. 『大学授業入門』東信堂、二〇〇七年
6. 『作文の教育――〈教養教育〉批判――』東信堂、二〇一〇年

7．宇佐美寛編著『作文の論理――〈わかる文章〉の仕組み――』東信堂、一九九八年

しかし、右を読んでも気づかない要点も有る。書かれてはいても、他の点の論述にまぎれて、気づきにくい点である。ここでは、そのような要点のみを簡単に書いておく。いわば、構想のためのかんどころの若干である。

一、目的……「この作文の授業の目的は何か。」と考えるだろうか。目的そのもののみを考えるというのは、現実には機能しにくい思考である。授業の目的論は、学習者論と一体なのである。授業というものは、それが無いと困るからするのである。作文を教えるのは、教えないと困るという事態を無くすために教えるのである。

「困る」とは、だれが困るのか？　学習者(学生)が困るのである。文章が書けないと困るのである。

しかし、現状の学生でも、一応は文章を書ける。どこを正し、補強すべきか？　↓論説文が書ける状態になるまで教えることになる。

二、内容・方法・教材……作文の授業は、作文について教えるべきものではない。つまり、作文についての言葉を教えるのではない。

文章を書くという過程こそが基本なのである。逆に、文章についての言葉(つまりメタ文章)によって思考は作文過程そのものから離れ、遠く弱くなる。

作文は作文においてこそ学び得るのである。ちょうど水泳を学ぶようなものである。水中で身をもって体得するのである。言葉は、体が感じとったものを補助するに過ぎない。

とにかく書かせるのである。説明は(理屈を言い聞かせるのは)最小限にするべきである。

モフェットの左の本は、このような作文の過程の問題を考えるために、若い頃の私に、たいへん勉強になった。James Moffett: Teaching the Universe of Discourse（1968)

しかし、前記のように、学生は五〇人いるのである。**右の「とにかく書かせる」という構えと、集団としての学習活動を進めさせるということとをどう両立させるか？**

読むことと書くこととの連動・一体化を考えねばならない。その方向で考えると、学生に与える課題は、どのようなものになるか？

しかし、「どのように何を書くか。」を考えてはならない。換言すれば、書いている言葉からはかけ離れた理屈で邪魔されてはならない。書くことの過程自体において、〈どのように何を書くか。〉を次第に考え進めるのである。

では、**学生に与える課題は、どのようなものになるか？**

例えば、次のような課題である。

教科書である宇佐美寛『新版・論理的思考――論説文の読み書きにおいて――』(メヂカルフレンド社、一九八九年)には、「練習問題」の部分が三十ページほど有る。その一つの問題である。(同書、二〇八―二〇九ページ)

> 個性と異常の境界線は
>
> 今から十年前、長男の三歳児検診の折、保健所で、食事の量が少ないと言ったところ、「食事もきちんと食べられない子は、学校に行ったらオール1よ」の暴言。もちろん、その後に続いたありがたいご指導通りに〝コト〟は運ばなかったけれど、長男はオール1ではない。

四年後の次男の時には、問題もないので黙っていた。が、隣に居た若いママが「指しゃぶりをするのですが」と言い出した。すると、医師と保健婦二人の計三人で「歯並びが悪くなるから、常に見ていて、気が付くたびに指をはずすこと。眠っている間に要注意」と正義感あふれるお言葉が次々と……。次男も指をしゃぶるので、あわてて帰って来た。監視などしなかったが、いつの間にか指をしゃぶらなくなったし、歯並びもきれいだ。

そして、昨年十二月、長女の検診。「この子の目、内側に入ってません？」と来た。私が同意しなかったので、「今までに言われたこと、本当にありませんか」「お兄ちゃんたち、大丈夫なのかしら？」と続く。医師が「何でもなければ、それで良いじゃないですか」と勧めるので、都立病院で〝斜視〟の検査を受けることになった。「訓練開始には今が良い。検査の結果によっては手術……」と、彼女は自分の説得力に満足げだった。

数日後、保健所に紹介状をもらいに行くと、保健所の書類には、ご親切に、「母親には問題意識なく……」とあった。約一ヵ月後、検査の結果は全く異常なし。

わが家は転居のせいで、三人がそれぞれ別の保健所で検診を受けた。しかし、印象はどこも似ている。個性と異常の境界線を見極めるのは、確かに難しいが、どのようなケースにも、相手の心の負担を軽くするような配慮が必要だと思う。私の体験、たまたまのケースでしょうか。

東京都多摩市　上遠野ひさ子
（数学教室指導員・38歳）
〈『朝日新聞』「ひととき」一九八八年二月三日〉

右の文章を読み、次の要領で自分の意見を書きなさい。

1　四百字詰め原稿用紙（B5判）1枚。
2　縦書き。
3　右欄外に意見の内容を表すような題を書く。
4　左欄外に氏名を書く。
5　コピーできるように十分に濃く書く。シャープペンシルは、使ってはいけない。
6　この教材文に報告されている三つの事例の全部を論じなくてもいい。どれが一つ、あるいは二つでもいい。（もちろん、三つ全部でもいい。）

この課題の、注目すべき特徴は、何であるか？

学生が提出した作文の中には、次のようなものがある。冒頭の一文である。

> この文を読んだが、私が感じたことは、言葉づかいは大事だということです。

この一文をどう分析・評価するか？　この学生をどう指導するか？

例えば、次の諸点が問題である。何らかの方法で指導すべきである。

1. 「意見を書きなさい。」という課題なのである。それなのに、なぜ「この文を読んだ」などという本人の行為を書くのか。読むにきまっている。読まないで意見が書けるか。無駄な文言である。

2. 課題は「右の文章を読み、……」なのである。それなのに、この学生は勝手に「この文を読んだ」と変えた。

「文」とは、英語のセンテンスである。日本語では、句点(。)までの単位である。

一文が一命題の内容に相当するような単文のつみ重ねで書けと指導するべきである。

3.「この文を読んだが、」……この「が」は何か。「が」は、意味不明なままで前後をつなぎ、文章をあいまいにする。「が」をとり除け。句点がその位置に入り得る。「私はこの文を読んだ。」という単文になる。自分の行為の報告の命題である。しかし、無駄な(無関係な)一文である。このような句点で区切った単文を書くと、書いた本人がこの無駄(無関係)に気づきやすい。この一文を削除したくなるはずである。

4.「私が感じたことは、」……課題は「意見を書きなさい。」なのだ。「感じたこと」を書くのではない。かりに「意見」と「感じたこと」とが同じ意味だとしても、なぜ「意見」のままにしておかないで、違う語にとり代えたのか。

また、「感じた」と書くと、「思った」や「考えた」とはどう違うのかが問題になる。もちろん、この学生には、それらを区別して使い分ける用意は無い。ぼんやり書いてしまったのだ。

「感じた」「思った」「考えた」のような心理状態を示す類いの語を使うと、それ無しに一文(センテンス)を閉じることは出来なくなるはずである。全ての文(センテンス)は筆者(つまり、この学生)の頭(心理)ゆえに書き得たのだからである。

「思う(感じる、考える)」が付いていない文(センテンス)は、「なぜ、そこだけ付いていないのか。」と問われるはずである。整合性が必要なのである。（この私の文章の一文ごとの文尾には、「思う」の類いの心理語が全く無い。この逆に、もし、文の全てに心理語を付けたら、読むに耐えないことになる。）

5.「言葉づかいは大事だ」……なぜ、いきなり、そんな大きな結論が書けるのか。何の証拠も示されていないのである。

こういう大きいことをいきなり書くと、もとの教材文には具体的に（小さく）何と書いてあるかには、意識が届かなくなる。粗大なスローガンだけがまかり通る文章になる。

この課題作文は、手書きさせるのである。パソコンは使わせない。なぜか？

簡単に粗く言えば、文字を書くことにより思考し得るからである。

この問題については、次の実践記録を読んでいただきたい。

池田久美子『視写の教育——〈からだ〉に読み書きさせる——』（東信堂、二〇一一年）……宇佐美寛監修・シリーズ『大学の授業実践』の第3巻である。

Ⅲ

私は、警句、金言、標語、スローガンのような短い語句を貯えてある。しばしば、ここぞと思う適切な状況で言う。くり返し使う。

次のような語句である。それぞれ、本章でのどのような教えと対応する意味であるか？　また、このような短い語句の教育方法上の意義は、どのようなものか？

①　一つの句点（。）は、五百円玉である。おおいにかせげ。一文一義。

②　ふしがつく前に句点を付けて切れ。（長い文を、私はふしをつけ、歌うように読み上げる。）一文は原稿用紙三行以内。

③　「9かける9は、いくつですか。」と問われた。この学生は、小学生のころ、「81と感じます。」「81と思われます。」「81と考えます。」などと答えていたのだ。先生は「頭の働きぐあいを言う

な。頭の中身だけ言え。」と言っただろう。「思う」「考える」「感じる」の使用を禁じる。

④ 大説をやめよう。（私は大説という字を一字三十センチ四方くらいに大きく黒板に書く。）小説家になろう。（小説家という字を一字三センチ四方くらいに小さく書く。）

〔『作文の論理――〈わかる文章〉の仕組み――』二六ページ〕

⑤ 神は細部に宿りたまふ。

⑥ 考えるな、見よ。

⑦ まとめるな、砕け。（文の書き直しのこつである。）

⑧ 引用無きところ、印象はびこる。

⑨ ことは悪女の名である。つぎ(次)は良い女である。

作文を教えるのは、理想的な文体を教えるのであって、文章に盛る内容を教えることではない。学生によって思想が異なる自由は尊重すべきである。だから、内容がとる方向は自由である。

⑩「が」は汚い。ちょうちょうは、きれい。「毒が」もいる。

Ⅳ

学生は、どのような質の文章を書くべきなのか？　つまり、各自にどんな学習目標を持たせるべきなのか？（教師は、どんな教授目標を持つべきなのか。）前節の論述で考えよ。

左に、A・B・Cの三つの作文を載せる。先の課題によって書かれたものである。ただし、書いたのは、学生ではない。Aは、教育哲学の大学助教授（男性）、B・Cは看護師（女性）によるものである。筆者は、いずれも大よそ三十歳代であった。

A・B・Cを比較・評価せよ。Aの欠陥は、どこか？　列挙せよ。

A

診断の独断と親への思いやり

この文章では二つのことが述べられている。一つは、診察において個性と異常の境界線を見極めることの難しさであり、もう一つは、保健婦らが相手の心の負担を軽くする配慮を欠いていることである。これらは独立したことであるが、関連しているように思える。

たとえば、初めの例は状況誤認と因果関係を読み違えたものである。食事の量が少ないのと食事がきちんと食べられないことは同じではないし、そうしない子どもが必ずしも学校の成績でオール1を取るわけではないはずである。

誤診の可能性は常にある。しかし、仮に診断が完全に正しいものであるとしても、子どもの異常を指摘するその診断結果に不安を感じている親に対し、配慮ある言葉が向けられてもいいのではないか。むしろ、境界を見極めることの困難さに気付いた時に初めて、診断をめぐる断定的な発言の暴力性に気付くことができるようになるのではないだろうか。

B

対応には気配りを

上遠野氏は、三才児検診で次のように言われた。「食事もきちんと食べられない子は、学校に行ったらオール１よ」である。この発言は横暴である。食事の量が少ないと、成績がオール１とはどうして言えるのか。まず、食事の量が少ない理由をはっきりする。それには、医師・保健婦は次の四点を質問してみる。

一、今日食べた食事内容と、普段の摂取量はどれ位なのか。三食きちんと摂取できているか。

二、間食や偏食はあるのか。

三、一日の生活リズムはきちんとしているのか。

四、身長・体重など成長の遅れはみられるのか。

これらについて聞き助言すると、母親は納得できる。また、子供も側で一緒に聞いている。もっと気配りをすべきである。

C 母親に納得してもらえるように

検診で〝斜視〟を疑い、医師・保健婦は次のような発言をした。「この子の目、内側に入ってません？」「今までに言われたこと、本当にありませんか」「お兄ちゃんたち、大丈夫なのかしら？」医師・保健婦の発言は、「本当に」と母親を疑っている。母親を非難する発言はするべきではない。また、〝斜視〟と関係のない兄まで話題にしている。これでは、母親は納得できない。

母親に納得してもらうためには、次の点に注意して話をする。

1. 〝斜視〟を疑う理由を説明する。
2. 説明は、分かり易い言葉で行う。
3. 説明は、具体的に行う。
4. 母親の言葉を尊重する。
5. 母親を非難しない。
6. 母親のペースで話をすすめる。

もとの教材文を電車の中に置き忘れ、紛失してしまったような作文は、A・B・Cのどれか?

紛失してしまったから、「大体こんなことが書いてあったな……」という印象に頼って書いたのである。

もちろん、Aのことである。筆者の眼は、教材文を見てはいない。だから、引用が無いのである。引用が無いから、証拠(データ)を出せない。

Aは、もとの教材文から逸脱し、書かれていなかったことをでっち上げている。

例えば、「診察において個性と異常の境界線を見極めることの難しさ」が「述べられている」のだそうである。しかし、うそである。述べられてはいない。

「診察」という字はもとの教材文には無い。(また、Aの題に有る「診断」という字も、もとの教材文には無い。)「診察」とは何か。意味不明である。

母親の言に対して「食事もきちんと食べられない子は、学校に行ったらオール1よ」と言うのは、診察か診断か?

「個性と異常の境界線を見極めることの難しさ」など述べられていない。投稿者の上遠野氏が「……確かに難しい」と感想を書いているだけなのである。「難しさ」を述べたのではない。

私は「北海道の冬は寒い。」と述べることは出来る。しかし、ずっと暖国育ちの私は「北海道の冬の寒さ」を知らない。だから、「寒さ」を述べることは出来ない。それと同じことである。

Aは、やたらに難しい語句で格好をつけただけである。意味不明である。「初めの例は状況誤認と因果関係を読み違えたものである。」……「AとBを読み違えた」という型なのか？「状況誤認」(A)と「因果関係」(B)とが、なぜ読み違えられるような二つとして並列できるのか？それとも、「状況誤認があり、また因果関係の読み違えもある。」ということなのか？

「そうしない子どもが必ずしも学校の成績でオール1を取るわけではないはずである。」……昔は、よく子どもに「そんな所に裸で寝ていると雷様におへそをとられるよ。」とか「ごはんの後、すぐ寝ると牛になるよ。」とか言った。このAの筆者は「必ずしもおへそを取られるわけではない。」とか「必ずしも牛になるわけではない。」などと言うのか。「オール1」も、この「おへそ」・「牛」と同質のレトリックなのである。「オール1よ。」と言っている保健所職員は、本気で「オール1」になると思っているのではない。「おへそをとられる」・「牛になる」と言うおとな自身は、もちろん、そう信じてはいなかった。それと同じである。

教材文がよく読めていないのに、(読もうと努力しないのに、)抽象的な理屈を難しい言葉で書くのは、大学教員によくある悪癖である。結果はAのような意味不明の悪文である。

もとの教材文を一度書き写してみればいい。それくらい入念に、ゆっくりと読むのである。

私は、拙著『論理的思考――論説文の読み書きにおいて――』(七〇ページ)で、次のように書いた。

> 私自身は、正確に読みたい文章は、原稿用紙に書き写しながら読む。句読点に気をつけながら、筆者の思考のリズムを感じとるつもりで写す。しかも、「自分だったらこう書くか?」と考えながら写す。(全文が長すぎて写しきれない場合には、部分的に数枚書き写す。数枚書いてみると頭の働きぐあいが変ってくる。そのような頭で残りを読み進むことができる。)この「視写読み」は、教師の教材研究のさいに行なうべきことである。また教授方法としても使えるのではないかと思って、いま工夫している。

視写については、やはり池田久美子『視写の教育』(東信堂)を読んでいただきたい。
AをB・Cの作文と比べて、どう考えるか?
教育哲学者の国語学力の低さは、まことに憂慮すべき問題である。

第7章　「子どもと哲学対話を」を批判する

I

二〇一二年の教育哲学会第五五回大会(会場・早稲田大学)での、ある発表について論ずる。(それは、いわゆるラウンドテーブル型の発表であった。つまり、問題提起したいテーマを持つ企画者・提案者が形式を自ら計画した発表である。二時間という時間をどう区分して使うかも、企画者・提案者が自ら計画したのである。)

『第五五回大会発表要旨集録』から、当該の部分を引用する。(原文は横書である。)

子どもと哲学対話を：初等中等教育における対話型哲学教育の実践とその意義

企画者：河野哲也（こうのてつや）立教大学・教授
提案者：森田伸子（もりたのぶこ）日本女子大学・教授
提案者：土屋陽介（つちやようすけ）茨城大学・講師
提案者：村瀬智之（むらせともゆき）中央学院大学（非常勤講師）・東京工業高等専門学校（非常勤講師）

「子どものための哲学（Philosophy for Children）」は、ユネスコ推奨のもと、この三〇年ほどのあいだに世界各地で精力的に取り組まれてきた。すでに北米やオーストラリア、ヨーロッパ、アジアの国々では、中学高校のみならず小学校や幼稚園でも実践されており、ハワイ州の小学校では必修科目にさえなっている。日本は、この点において大きく後塵を拝している。

「子どものための哲学」とは、知識としての哲学を学ぶものではなく、子どもたちが自分で問題を提起し、対話を行い、テーマについての考えを深めていく対話型の哲学のことである。教師は、子どもをあらかじめの結論へと誘導したり、哲学説を教え込んだりするのではなく、始まりも終わりもオープンな過程のなかで、子どもとともに議論を深めるファシリテーターの役に徹する。対話形式の哲学教育は小学生にも十分に可能であり、実際に日本でも、いくつかの学校で実践が始まっている。

しかし、なぜ、現代社会ではこれほど子どもの哲学が求められているのだろうか。本ラウンドテーブルでは、私たちが昨年から行ってきた小中学校（立教小学校、玉川学園、開智学園、子ども哲学カフェなど）での実践の成果を踏まえながら、子どもとともに学び合う哲学とはどのような目的を持った教育であり、どのような教育効果が期待されるのか、また、社会と教育界にどのような意義をもたらすのかについて検討する。

河野と森田は、理論的・原理的な側面からこの子どもの哲学の意義について議論し、土屋と村瀬は、実践の現場での教育的な成果を紹介しながら、対話型教育がどのように思考や創造性を育むかをあきらかにする

〔以下は、各人ごとの発表要旨なので、引用は省略する。〕

この要旨を疑おう。（この企画者・提案者たちの発言に見られないのは、哲学において本質的な態度である〈懐疑〉である。）疑問点・問題点を指摘しよう。

一般に、要旨を書いた文章には、整合的な構造が要る。ほころび、矛盾、逸脱が有ると、文章全体が疑わしくなる。堅いまとまりが要る。

だから、まず、整っていない部分、食い違いの部分に注意して考えればいい。

例えば、次の文である。

> 日本は、この点において大きく後塵を拝している。

「この点において」……「この点」とは、どの点か？　不明である。「子どものための哲学」の、諸外国で「精力的に取り組まれて」いるという状況を報告している段落の最終の文なのだから、「この点において」などと限定すると、かえって意味不明になる。

要するに、「子どものための哲学」という教育実践を行うことにおいては、日本は大きく遅れをとっているとでもいいたいのだろう。

だから、当然、たいていの読者は、次のようにたずねたくなるはずである。

「ユネスコ推奨のもと」で、精力的に取り組んでいる教師たちは、良い事をしているのか？　悪い事をしているのか？　悪い、望ましくない実践ならば、日本は、おおいに「後塵を拝」する方がいいのである。

また、良い事だとしても、日本が「大きく後塵を拝している」というのは、事実か？

つまり、次の二つの疑問を示し、問いつづけるべきなのである。

1. 「子どものための哲学」を学校で計画的に行うことは、望ましい事なのか？　つまり、それを教育課程の中に入れるのは、良い事なのか？

2. もし良い事だとしても、日本は、本当に「大きく後塵を拝している」のか？
日本での実態は、「哲学」と名づけて呼んではいないだけではないのか？　つまり、実質的に哲学的思考を子どもが行なっている実態は、日本の方が大きく先行しているのではないか？

何の根拠も示さずに「大きく後塵を拝している」などと書くのは、その部分だけが突出している軽率な文体である。

「大きく後塵を拝する」とか「精力的に」とかは、単に扇情的(センセーショナル)な宣伝文句に過ぎない。昭和の軍国主義時代に、ナチス・ドイツの勢に幻想を抱き、「バスに乗り遅れるな」などという扇情的標語が流行していたのを思い出す。悪い方向に進んでいるバスならば、乗ってはいけないのである。

右の**1・2**を問うと、当然、提案者は、哲学的思考というものの特性を示し、学校でその特性を育てる必要性を説明しなければならないはずである。ところが、この要旨にはそれが書かれていない。やはり、この要旨は、現今の週刊誌風の宣伝的文体である。必要な中心的問題の論述が欠けている。

会場で配られた「創造性を育む哲学教育の基礎」という題の資料では、冒頭に次のように書かれている。(原文は横書)

> 哲学対話教育をすることの意義としてしばしば引き合いに出されるのが、3つのCである。それは批判的思考力、創造的思考力、ケア的思考力の涵養である。

しかし、このような「思考力」ならば、わが国の教師は、「哲学」と名づけられてはいない教科、単元、教材において、既に育てようと努めている。

この現状において「哲学の教育」は、要るのか？　そう名づけられてはいないが、哲学は既に必要なものとして機能しているのではないか？

要旨というものは、右のような問いに答えていなくてはならない。少なくとも、問いの存在を確認した上で、それに答えるという予告をしていなくてはならない。ところが、この要旨は、そのような要件を欠いている。

やはり、空虚な宣伝文に過ぎない。

前記の1の疑問について、若干の説明を加える。

もちろん哲学そのものは、価値ある良きものであろう。

学問の諸領域は、全て有意義である。しかし、そうだからといって、無限定・無原理に全ての学問を小・中学校の教育課程に入れることは不可能である。また、ある学問領域を機械的にそのまま取り入れて教科目を増やすことも、たいていの場合、不可能である。

私は、学生時代、弁論部員だった。

私は、著書『教育哲学』(東信堂、二〇一一年)で、この弁論部について、次のように書いた。(同書、一八三―一八四ページ)

しかし、弁論部とは何を学習し、何において進歩すればいい部なのか。弁じ論ずる内容は、どこで学習するのか。例えば、日米安保条約について論じたいならば、まずそれについて勉強しなければならない。知りもしないことを論じるのは不可能である。知っているかのように見せかけて論ずるのは、ハッタリである。サークルでは、弁論部ではなく、外交・国防問題の研究会にでも入った方がいい。

論ずべき内容を得れば、それで終りではないか。マイクが有る時代に大声を出す訓練をしても無意義である。弁論部は、何をすればいいのか。

多くの部員がこのような疑問を持ったのだろう。当然、行きづまりを感じていたようである。

つまり、弁論の学習は、弁論自体のみの学習としては成り立たないのである。何か他の領域との組み合せの形が要る。

いわゆる「自由七科」というヨーロッパの古代・中世を通じての学問領域が有った。その中の、少なくとも「三科」、すなわち文法・修辞学・弁証論(論理学)は、今日の小・中学校で、独立の教科として教えるのは不可能である。望ましくない。「国語」・「社会」・「総合的な学習」等の中で、具体的な教材内容と組み合わされた単元という形式ならば、工夫する余地は有る。

教育課程(カリキュラム)というものは、有機的な全体である。つまり、ある部分と他の全ての部分との関係を問い考える必要が有る。ある部分の影響は、他の部分に及び、さらに、その反応は新しい部分への影響として返ってくるという相互作用が有るのである。(学習者の側が有機的な全体であることの反映である。)

新しい(と思われる)学習内容(この場合、「子どもとの哲学対話」)を教育課程に組み込むさいには、当然、次のような問題が問われるべきである。

① 本当に新しいのか？　既に有る学習内容とは、どう異なっているのか？

② 限られた学習時間の中に新しい学習内容を入れることは、いかにして可能なのか？　既に有る学習内容を削減するのか？　なぜ既に有るものが削減されねばならないのか(価値が無いの

か）？

③　教育課程中のこの新しい部分は、既に有る部分との間に、どのような相互影響の関係を生じさせるのか？　相互に、どのような変化を生じさせるのか？

右の①―③の問題を研究しなければ、「子どもとの哲学対話」が良いものか、悪いものかは、決められない。諸外国での実践が(日本が「後塵を拝している」と言うほど)良いものかどうかも決められない。

これは、当り前の常識である。子どもは、全体的・有機的なものなのだから、「哲学対話」の時間においてのみ学んでいるわけではない。「哲学対話」は、教育課程全体が子どもにどう関わっているのかという文脈の中で、評価されるべきものである。無思慮・無反省にとびついてはならない。「哲学対話」の部分だけの「つまみ食い」をするべきではない。

④　既に有る教材の学習方法として「哲学対話」をすればいいのではないか？　いや、そんな方法は、とっくに行なわれているのではないか？

このように「哲学対話」を使う場合、いや、他のいかなる場合の「哲学対話」であっても、関係が有る事柄の知識が要る。考えるための素材としての知識である。知らなくては考えられないのである。

〈考える〉と〈知る〉との関係も、前出の「要旨」の文章では不明である。

ところが、前記の、会場での配布資料「創造性を育む哲学教育の基礎」には、次のような見逃し難い論述が有る。（原文は横書である。）

哲学対話教育は対話教育の一種であるため、哲学対話教育を行うことは対話教育を行うことになる。特に、対話教育が思考力の育成を目的としている場合、哲学対話教育にはそれ以外の対話教育にはない教育実践上の利点がある。

一つは、知識の多寡が問題にならないという点である。

これは学習者間での平等性を確保するという点で大きな利点となる。たとえば「第二次大戦における日本の行動は正当か？」についてディベートの授業を行った場合、前提となる知識の多寡は議論の優劣を決定する要件になってしまう。数学の授業に対話をとりいれようと思っても（もちろんさまざまな工夫が存在し上手くいっている実践はあるものの）学力が高い子どもが教え役／できない子は聞き役という役割を超えることは（おそらく高学年になればなるほど）難しい。それに対して、哲学的問いは本質的に知識の多寡は問題にならないため、学習者間での平等性が保ちやすく、これは哲学対話教育の対話教育としての教育実践上の利点となる。

授業における知識は、「多寡」などと単なる量に意義が有るのではない。（単に多寡が重要だなどという授業の例を挙げてもらいたい。そんなものは無い。）いかなる思考指導であっても、当該の問題を考えるのに必要な知識を保障しなければならない。「哲学対話」であっても、同じことである。必要な知識を欠いては、思考は出来ない。

本節（Ⅰ）の論述では、具体例が少なすぎた。この調子では、もう書きつづけない方がいい。読者が具体的に思考することが困難になるからである。

だから、次節（Ⅱ）では、会場で資料を配り報告された実際の授業の例に即して論ずる。

この授業について、企画者・提案者からの、自己批判は無かった。つまり、あの人たちは、この授業を肯定して、提出したことになる。

ここでも、懐疑（自己分析・自己批判）が欠如していたのである。

授業の記録である。配布された資料には、授業が行われた小学校の名が記されていたが、ここではローマ字のイニシャルに変えた。Ｔは教師、Ｓは児童、ＳＡは特定できない児童を示しているようである。

また、配布資料の原文は横書きであるが、本書の形式に合わせて縦書きに変えた。

K小学校５年ｂ組　第１回目の授業

Epistemic Episode 1

（25：12～29：19）

Ｔ：はい、わかりました。じゃあ次のテーマちょっと聞いてみましょう。はい。

Ｓ1：えっと…。

Ｔ：はい。はい、よく聞いてね。

Ｓ1：人間。

T：人間、はい。なるほど。それはどういうこと？

S1：たまに、何で生まれてきたんだろうと思う。

T：あー。なるほどね。何で生まれてきたんだろう？　そういうこと考えたことある人って他にいますか？

SA：（あるあるある）

T：ああ、結構あるんですね。何かそれについて自分の意見、少し簡単でいいけど、何か思うことが言える人がいるかな？

S2：言える。

T：じゃあちょっと聞いてみようかな、はい。

S2：えー、僕はねー、神様に選ばれてあの、生まれたんだと思う。

T：はあはあはあはあ。えっと、その理由がってことで、何で生まれてきたのかって言ったら神様に選ばれたからだと。

SA：（神様に選ばれなかったら…選ばなかったら…生まれてこなかった…）

T：なるほど、ちょっとでも今、良い質問だと思うからみんなにしてあげて。

T：ちょっと全員に向かって。

SA：（そこだけでやっても意味がない）

T：そう、そう。そこだけでやっている感じ。じゃあまずもう1回質問、はい、言って。えっと、どういう質問だった？

S3：えっと、神様が選ばなかったら生まれてこなかったたっていう意味？

T：うん。じゃあそれに答えられる？

S2：無理だよ。無理だろー。

T：まあいいや、わかりました。ちょっと他に何人か手を挙げていたよね。で、えっと。これはテーマ。さっきの、人間っていう、何で生まれてきたんだろうみたいなことを考えたことがある人で、意見が少し言える人は…。じゃあ、はい。

S4：この世に必要だから生まれてきた。

T：ああー。

SA：（それとこの世に必要…）

T：はい、ちょっと聞いてあげて。質問してあげて。ごちょごちょって言うよりは。えっと、この世で必要だから生まれてきたんだっていうことだよね。これに対して何か今、質問が何人かありませんでした？　どうぞ。あれ、なかったっけ？　今何か言っていなかったっけ？

言っていいよ。
S5：あー、あるって言えばあるけど…。
T：言っていいよ。
S5：それと神様のことは関係する…。
T：え？　関係する？
S5：必要だから神様が選ぶ？…意味わかんねーよ。
T：はあはあはあはあ。なるほど。
S6：それに対して質問があるけど、S2に対して質問なんだけど。あのー、人間は選ばれしものっていって、生き物を乱獲したらこの世から生物が消え去る。
SA：(乱獲って何？)
T：はい、はい。ちょっと待ってね。人間が乱獲したらこの世から生物が…。え？　人間が選ばれたものだからって言って？
S6：人間が選ばれしものだって言っていたけど、もし人間が、いろんな何か、高く売れるからって動物とかを乱獲したら、この世から動物が消える。
T：ちょっとね、乱獲って何？っていう人いるね。ちょっと説明してあげて。

Ｓ６：乱獲っていうのは動物を捕まえて、例えばアフリカとかだったら、サイとかの角を、オークションで高く売れるから、サイを殺して角を剥ぎとって、売っちゃう。

Ｔ：で、人間が選ばれたものだからっていって、そういうことをやっていると良くないんですかってことね。はあはあはあはあ。

Epistemic Episode 2

（29：119 〜 32：36）

Ｔ：これに関連して何か少し、ちょっと議論ぽくなったから、せっかくだから少し議論しようかなと思うんだけれども。はい。

Ｓ７：あの、人間ってさっき、選ばれたとか言ってますけど、大人になったら、今ではヤクザとかそういう人も…。えっと、あの、地球上に良い人もいれば悪い人もいるっていうことで、選ばれたっていうのは良い意味で選ばれたわけじゃない、あの、良い意味だけで選ばれたっていうわけじゃない。

Ｔ：なるほどねー。良い意味だけで選ばれたわけではない、かあ…。さあ、どう思います？　難しい問いかけだね。何か今のに意見ある人とかいるかな？

SA：（やっぱ選ばれたって…かあ…）

T：えーと、はい。

S8：特技とかあるんじゃないの？　そういう人には、自分にしかできないもの。

T：はあはあはあはあ。なるほど。自分にしかできないことがある。どうでしょう。何かもう少し意見があったりしますか？

S9：えっと、良い人ばっかり生まれても、僕は意味がないって思うんですよ。悪い人がいなかったら、例えば泥棒が物盗んで、ニュースに出て、学べないというか…。ずっと、ずっと、盗られっぱなしで、ニュースで学べない。

T：なるほど。今、聞こえた？　ちゃんと。こっちの人。なるほどね。学べない。えっと…、はい。

S10：あの、何か人間って生まれる時には、何か自分だけにしかできないそういう技とかを持って生まれてくるわけで、それに気づいていない人がそれを悪用してしまって悪いことになってしまったり、それに気づいている人が何か良い、自分の持つ力を人の役に立つことに使っている。

T：うんうん。えっと、ちょっと渡邉先生がメモを取るために少しまとめてみるとどうなる？今の意見。

T：えっと、ちょっと待ってね。ちょっと待ってね。少しまとめるとどうなるかな、今の。

S７：僕が？

T：ああ、じゃなくて。

S10：やっぱり、神様に頂いたものを悪用する人が出てきちゃうから、あの、そういう、…。

T：なるほどね。神様から頂いたものは良いものなの？　とすると、元々は。

S10：元々は良いけど悪用する人がいる。

T：元々は良いんだけど悪用する人がいるってことね。わかりました。

Epistemic Episode 3

（34：35 〜 39：01）

T：じゃあまだもうちょっとあるかな？　じゃあ、はい。

S６：昔とかは、刀とか銃とかで人間を殺していたけど…。

T：ちょっと待って。聞いてあげて。僕も今、聞こえなかったです。
S6：戦国時代とか普通に刀とかで殺しちゃっていたけど、今では、銃とか持っていると犯罪になったりして…。残酷だから…。
T：残酷だから？
S6：残酷だから警察が生まれて。悪い人も、何で警察がいるのに悪いことをするのか？　自分が犯罪になるって分かっているのに。
T：…のに、悪いことをするのは？
S6：ちょっとおかしい。
T：おかしい。そっか。なるほど。警察とかがあって、法律とかも確かにあるのに、やるのはってことだよね。じゃあはい。
S1：えっと、あの、何でこの世に必要で生まれたのか、良い人は良いけど、悪い人は悪いことを…。あのー、何を悪いことと…。
T：ん？　ごめん。何を？
S1：何を悪いことをするとか、あのー、良い人は良いことをするとか。あのー。
TA：ゆっくりでいいよ、ゆっくりで大丈夫。

S1：何で良い人に生まれてきたのか…。
T：何で良い人に？
S1：生まれてきた…。
T：生まれてきたのかが…。え？　誰が？
S1：え？　良い人が。
T：何で良い人は良い人に生まれてきたのかが…。何なんだろう？
S1：うーん…
T：まあいいや。まあいいやって言うか、あれだね。何で良い人が良い人に生まれてきたのかっていうのが疑問？
T：どっかな。ごめん。じゃあちょっと他の人の意見聞いてから考えていこう。はい。
S1：うーん…
S11：えっと、人間的に、悪い心を持っていると思いますよ。
SA：(笑)
T：人間は？　ああ、なるほど。これ、質問ない？　はい。
S10：それを抑えられない人が本当に悪いんじゃないかと思う。

T：ああ。でもちょっと待って。そうだとすると、僕はその前に、何でそう思うのかもちょっと聞きたかった。

S11：だって、だって、必ず法律とかで禁止されていることやるじゃないですか。

SA：(やんねーよ)

T：ああ、人間はね。

SA：(やんねーよ)

S11：やるでしょ？

SA：(笑)

T：それはやる人が必ずいるってこと？　どっかに。

S11：うん。だって、必ずちょっとだけ悪い心を持っている人がいると思います。

T：なるほどね。悪い心を持っている人が必ずいるはずだと。はい。

S12：さっきS6くんが、悪い人は、警察がいるのに…。

SA：(聞こえませーん)

T：ごめん。ちょっと聞こえない。

S12：悪い人が、警察がいるのに悪いことをするのはおかしいって言いましたけど、自分は何か、昔の特徴と言うか、ずっと昔から同じ人間なんだから、何か特徴みたいなのが残っちゃってて…。

T：ごめん。おんなじ人間なんだから？

S12：特徴みたいなのが…。

T：特徴みたいなのを？

S12：残る。

T：あ、残っちゃっている。はあはあはあはあ。あ、昔は残酷だったからってこと？　で、そういうのが残っちゃっているってこと？　ああ、なるほど。それがだから悪いことをする人が…。

S11：だから、ちょっとだけって言ったじゃん。

T：でも、でもだから、そういうのは少し残っているのは、もしかしたら原因かもしれないよねってことだよね、ってことだよね。

企画者・提案者の四氏は、自分たち四人でこのような対話をやってみたのだろうか。（事前に間に合わなかったのならば、この授業の後でもいい。）いわゆる教材研究として当然の必要な作業なのだが。

例えば、「何で生まれてきたんだろう?」という問いである。

とにかく、この問いが何を意味するのかを確認しなければならない。メンバーに共通の内容確認がされなければならない。

この問いの意味が不明のままでは、答えを考えるべきではない。もちろん、これは哲学に限ったことではない。およそ、学問一般における鉄則である。問いの意味が不明の状態で、答えを考えられるか。

次のような分析・確認がされなければならない。

1.「生まれてきた」のは、個人か。それとも、人間の集合か。(つまり、「人類」という意味か。)

2.「何で」とは多義的な意味あいまいの語句である。どういう意味か。私ならば、教材研究としては、いったん次のような複数の解釈をしてみる。

ア.私は受精で、生まれてきた。

イ.私は正常分娩で、生まれてきた。

まず、このような〈原因〉・〈経過(過程)〉の意味ではないという確認をしよう。

では、「何で」とは、「なぜ」と同義なのだろうか。

しかし、次の例の示すように、「なぜ」も多義的である。

ウ. あの地震は、なぜ(何で)起こったのか。……〈原因〉を示す「なぜ」である。

エ. 君は、なぜ(何で)この学校を受験したのか。……〈動機〉・〈意図〉・〈理由〉・〈意義づけ〉・〈価値づけ〉の「なぜ」である。

この「対話」での「何で」は、右のエの類いらしい。

だから、「何で生まれてきたんだろう」は、次のいずれかに「翻訳」されるべきなのだろう。

オ. 私は、だれの、どんな意図で、生まれてきたんだろう。

カ. 私は、どんな意義・価値があって生まれてきたんだろう。

ここで、企画者・提案者の個々人に問う。あなたは、自らに「何で生まれてきたんだろう」と問うて、どう答えるか。それを自ら考えないで、子どもに言わせるのは、無責任である。

とにかく、子どもたちは、右のような問題整理をするべきなのである。それ抜きで漫然と思いつきを発言するのは、哲学でも対話でもない。子どもは、今、論理の展開図の中のどこに自分がいるのか、何故、何を論ずべきなのかを知って発言すべきである。哲学とは、そのような自覚の学なのである。

私は、発表者側の一人に、個人的に、口頭で右の趣旨に基づいた質問をした。次の趣旨の質問である。「子どもは、対話の流れの方向・段階を自覚し、その自覚に基づいて発言の内容を調整すべきではないのか。つまり、会議で司会者がする議事整理の役割を全員がする用意を持つべきではないのか。」

その人の答えは、「そうすると、子どもの発言は自由でなくなる。」という否定的な趣旨だった。とんでもないことである。この人は、西洋の情報には関心を持っても、わが日本の教育現実をろくに知らないらしい。植民地文化的である。

小学校高学年の子どもたちは、右のように自覚的に論理を整理して議論を進める学力を持ち得る。自分の位置・役割の自覚が有るからこそ、自信を持って自由に発言できるのである。

例えば、この人は、向山洋一『すぐれた授業への疑い』(明治図書)も読んでいないらしい。いわゆる「出口」論争の内容に相応する、子どもたちの文章を集めた部分が有る。この子どもたちの「出口」分析の鋭さを見よ。言いづらいが、K小の子どもたちの未熟さとは雲泥の差である。力が有る教師に教わると、こんなにも成長できるのである。(『現代教育科学』二〇一二年三月号には、向山氏の「後輩教師への伝言」という文章が載っている。そこにも右の子どもの「出口」分析の例が示されている。）

さらに例えば、野口芳宏氏が代表である「鍛える国語教室」研究会は、学習過程で子どもが用いる基本的な用語（概念）を意識的に指導している。先の「対話」の例で言えば、野口氏らが指導している子どもたちならば、「原因」・「理由」・「意図」・「意義」・「価値」等の基本的学習用語を使って「対話」をしているはずである。これにより、「対話」の構造を、子どもたちは、明確に意識するはずである。例えば、柳谷直明『〈学習用語のカテゴリー化〉で〈国語学力〉を育てる』（明治図書）を見ていただきたい。

そして、向山氏の子どもたち、柳谷氏の子どもたちと、K小の子どもたちを比べるべきである。言葉の規律に敏感な子どもの思考の方が自由なのである。当然である。

Ⅲ

企画者・提案者に問う。「何で生まれてきたんだろう。」というテーマで、対話をしたいか。前述のように、次の二つの道すじで思った内容を話すことになる。

オ．私は、だれの、どんな意図で、生まれてきたんだろう。
カ．私は、どんな意義・価値があって生まれてきたんだろう。

なぜ、こんな自己の内面までを複数の他者に話さねばならないのか。オは「神様」のような、自己を越えた存在を前提する宗教的心情を告白することになる。また、カは、現在までの自分の生きがいを述べることになる。

例えば、日々「いじめ」で苦しんでいる子に(他の事であっても、深刻な悩みがある子に)「何で生まれてきたんだろう」の答えを考え言うことを強いているわけである。「生まれてきた結果がこの苦しみであっては……」と考えざるを得ない状態になるのは当然である。自殺に誘導する危険性さえ有る。「現場」の教師たちに聞いてみた。みな「これで本音を言わせるのは残酷だ。」という趣旨を言う。

まじめに、自分自身の経験とつき合わせて考える子がつらい思いをする。

企画者・提案者に問う。なぜ、この状態の「対話教育」が「ケア的思考力の涵養」になるのか？どこにケアが働いているのか？

個人としての子どもは他人には言いたくない(それ以前に自分でも考えたくない)経験を持っている。それについて何の配慮も無い「対話教育」が、なぜ「ケア的思考力の涵養」というスローガンを掲げられるのか？

企画者・提案者は、「対話」に適したテーマとそうでないテーマとの判別基準を持っているのだろうか。本来、学会での研究発表ならば、この判別基準の理論を文章化したものを示すべきなのである。ところが、それが無い。

この理論が無いから、教師には、①話すのに適していること、②読むべきこと、③調べるべきことの区別を立てた計画が出来ない。子どもには、なおさら出来ない。「対話」は、思いつくままの、行先不明の流れでのおしゃべりになる。当り前である。

私自身の場合を考える。

「何で生まれてきたんだろう。」と自らに問う。

自分の仕事のことを思う。やりがいが有る仕事である。こういう仕事をするために生まれてきたと信じたい。

特に私の世代としては、少し年長の青年たちのことを思う。例えば、無念の死をとげた学徒兵の遺書を読む。（『きけわだつみのこえ——日本戦没学徒の手記』一九四九年、二四二ページ）

あらゆるものをその根底より再吟味する所に、日本国の再発展の余地がある。日本はすべての面に於て混乱に陥るであろう。しかしそれでよいのだ。ドグマ的なすべての思想が地に落ちた今後の日本は幸福である。「マルキシズム」もよし、自由主義もよし、すべてがその根本理論において究明せられ解決せられる日が来るであろう。日本の真の発展はそこから始まるであろう。すべての物語が私の死後より始まるのは悲しいが、私にかわるもっともっと立派な頭の聡明な人が、これを見、かつ指導して行ってくれるであろう。何といっても日本は根抵から変革し、構成し直さなければならない。若き学徒の活躍を祈る。

高校生であった私は、この人が期待したような「若き学徒」になろうと思った。そのために生まれてきたと信じたい状態だった。

しかし、そういう真剣な気持ちを公けの集団の中で話す気にはなれない。人生をかけた重大な意思決定を軽々しく(実験めいた授業において)話す気にはなれないのは、当然である。この研究発表の企画者・提案者は話す気になるのか？

「何で生まれてきたんだろう。」という問いに対する答えは、真偽の基準には合わない。真とか偽とか立証できる類いのことではない。ただ、そう信ずるだけの答えである。だから、発言したとしても、そこから先は議論になり得ない。「人間は選ばれしもの」という、これも立証し得ない(そう信じた、あるいは、そう信ずるように教えられた)主張が続くだけである。

なぜ、こんな問いで「対話」をさせるのか?

信じたことを集団の中で言わねばならないのは、それが真剣であり本音であればあるほど、苦痛である。

だから、子どもは、自分の生き方、自分の経験を具体的に考えようとはしない。具体的事実の支えが全く無い「悪い人」の話へと流れる。

要するに、概念に対応する事実を具体的に知り確認するという思考が欠けているから、問題意識が成り立たないのである。漫然と、恣意的に(気まぐれに)進む「対話」にしかなり得ないのである。

「対話」という名は名のらないが、K小の例よりもはるかに子どもの思考のためになっている実践例は、日本の教育現場には少なからず有る。

例えば、深澤久氏の『命の授業』(明治図書)である。

右の〈事実〉と〈問題意識〉という観点を特に意識して読むと、この実践の強さがわかる。

次の三種の資料が子どもたちに与えられる。①人体成分表　②『いじめ』で中3自殺」という新聞記事　③「お父さんが小さなつぼに入ってしまった　ぼくはとてもくやしい」という新聞記事(日航機墜落事故で亡くなったお父さんのことを小5の子が作文に書いたものである。)

その後の授業の展開については、同書を読んでいただくしかない。資料は事実を十分に具体的に知らしめている。これなら、考え論ずべき問題は明確である。

なお、このような授業の理論的基礎(つまり、氏がどのようなつもりでこういう授業を考えたか。)については、氏の左の著書を読んでいただきたい。

深澤久『道徳授業原論』(日本標準)

Ⅳ

教育哲学会大会の数日後、私は、次の手紙を「子どもと哲学対話を」の企画者・提案者に送った。(原文は横書であるが、本書では縦書に改める。また誤記・誤植は直して引用する。)

2012年9月23日

ラウンドテーブル「子どもと哲学対話を」企画者・提案者各位

宇佐美　寛

私は、発言の時間を与えられませんでした。言いたいことが有りますので、文書化して、お送りします。御参考までに。

なお、これは学術的な内容の文章ですので、敬語的表現は控え目に書きます。

I

私は、なぜ発言の時間を与えられなかったのでしょうか？「18時という終了時刻が来たからだ。」と答えるのでしょうか？

しかし、時間切れになったのは、そこまでに発言していた司会者・提案者・質問者の責任です。しゃべらなければ、時間はつぶれないのです。

私は、まだ一言も発していませんでした。もちろん、一分たりとも使っていませんでした。時間切れになったのは、私の責任ではないのです。

司会者は、機械的に(座席の位置によって)「一番、二番、三番、四番」と発言順を示しました。これは、発言内容を評価しての優劣順ではありません。三番のところで、時間切れになったからといって、なぜ私だけが、つけを廻され、尻ぬぐいをさせられるのですか？　なぜ、他の発言者は100パーセントに時間を使い、私はゼロ・パーセントなのですか?

もし、時間切れの時点で発言を封じるというならば、司会者は、前もってそのルールを公けに言うべきです。しかし、そんなことを意図すると、発言順をあのように機械的・物理的に決めることは、不可能になります。発言内容を予め評価して順位をつけることが必要になります。もちろん、そんなことが出来るはずはありません。

だから、司会者は「一番、……四番」と発言順を指定すると同時に、各人の発言時間の制限を告げるべきだったのです。残り時間は20分でしたから、それを4で割り、「一人あたり5分以内。ただし提案者側からの応答も含めての5分以内。」と告げるべきだったのです。司会者に、そのような当然のルール意識が欠けているのなら、提案者側のだれかが、あの時点でこのルールの提案をするべきでした。ところが、だれも、しませんでした。

終了後も、だれも「失礼」「すまない」の類いの言葉すら言ってくれませんでした。

私は、「私は、差別されたわけだな。」と言って笑っていましたが、だれも反応してくれませんでした。

哲学は、頭を悪くし、〈公正〉の感覚を失わせるものなのでしょう。そんなものを子どもに教えるとは、ゆゆしき悪事でしょう。

（民主主義とは、自分の責任ではないことで苦痛を味わわなくてすむシステムだと言われます。あの事態は非民主的でした。）

Ⅱ

私は、前節で、質問者だけではなく、「提案者」の発言の責任にも言及しました。

提案者の口頭・文書（配布資料）での発言は、あまりに粗雑で非論理的・非構造的でした。あんな発言に一人20分（でしたか）もの時間を与えるから、質問時間を圧迫するのです。

〈提案〉であるための中心軸が不明な発言なのです。

「中心軸」とは何か。

いいですか。新しいことの提案をしているのでしょう。

それならば、当然、問われるはずです。なぜ、現状のままではいけないのですか？　現状のどこに対して、どう不満なのですか？

そして、この提案によって、どこが、どう変わるのですか？

要するに、「A．現状の分析・評価↓B．それに基づいた内容の提案」というのが、論理の中心軸であるはずです。

広く社会では、「調査無くして、提案無し」という金言が通用しています。そのとおりです。提案者の言からも、配布資料からも、この「A↓B」の論理が、さっぱり見えません。

日本の学校で、〈哲学〉や〈対話〉に関わる教育がどれくらい有るのか調べましたか。例えば、次の教科あるいは領域について、学習指導要領および(文科省による)その解説、教科書、「資料」、教材、実践事例を調べるべきです。「道徳」・国語・社会(特に公民的分野)・家庭科。

提案は、この「A↓B」の論理を集中的に詳しく論ずべきです。ところが、それが欠けているから、歴史的な経過・背景、外国の情報、そして創造的思考力などについての抽象論ですませているのです。これは日本の教育現実からの逃避です。リップマンが何を言おうと、ユネスコでは、あるいは外国ではどうなっていようと、それは副次的・周辺的データに過ぎません。配布資料に書いて「あとで各自読んでおいてください。」と言えばすむくらいのデータです。規準にはなり得ません。ユネスコが何と言おうと、良いものは良く、悪いものは悪いのです。大事なのは、日本の子どもにとって、この種の授業が要るのか否かです。くり返し申しますが、上記の「A→B」の論理で研究するしかありません。

いささか例を挙げます。

あの場で、無理に一言しましたが、加藤周一「知るということ」という教材です。（もっとも、私はこの教材の非論理性を批判しつづけて、その教科書から追放することに成功しました。また、吉野弘「夕焼け」をも、批判し追い出しました。しかし、これらの教材と授業が哲学的であることは確かです。）

社会科では「職業に貴賤無し」という、哲学も対話も関わる教材が有ります。

鶴見俊輔氏等が、子どもに読める哲学書として高く評価した吉野源三郎『君たちはどう生きるか』の一部分を収めた「道徳」の資料集も有ります。

K小学校の事例に即して言えば、生命のことです。深澤久『命の授業』という実践記録を読んだでしょうか。「道徳」の流れの方向を変えた歴史的な本なのですが。

上記の本は、千葉大学図書館には有ります。

ラウンドテーブルの様子から推測すると、日本の学校での授業について、企画者・提案者は、かなり不勉強なようです。勉強していたら、「A↓B」の論理が提案内容に現れているはずです。現場の教師をなめているのでしょう。現場の勉強をしないで口を出しても、教師との話し合いは成り立ちません。ドン・キホーテ的役割を演じて、ばかにされるだけです。

Ⅲ

K小学校の授業事例については、詳しくは、来春出る拙著『教育哲学問題集』(東信堂)の中で論ずるつもりです。(とにかく、ひどく粗末な授業です。)ここでは、次のことだけ申します。

いわゆる学習指導案のような文章も書か(け)なかったのですか。

授業は、自然現象ではありません。教師がどんなつもりで、どんな目的で、どんな教材・方法を、なぜ選んで働きかけるのかを書くべきです。教師の自覚を書くのです。教師が責任を問われるべきなのは、この自覚です。(このへんの理論は、拙著『授業にとって「理論」とは何か』を読んでください。これも千葉大学図書館には有ります。)

> 例えば、次のような問題点を自覚し書くべきなのです。生命の問題の学習ならば、上記の、先行実践である「命の授業」に比して、このK小の授業は、どうか。K小の5年は、今までどのような話し合い（対話）の学習をしてきたか。それにより、どんな能力（学力）がついているのか。この授業は、どのような変化（学習）を期待して行われるのか。
>
> とにかく、録音を起こした記録だけでは、研究でも報告でもありません。学生が、学習指導案無しで、授業について云々したら、私は即座に「不可」を与えます。（私は一応、教育方法学講座の教授でした。こういう提案に接すると、「教育方法学もなめられたものだ。」と感じます。）
>
> くり返しますが、日本の教育を勉強するしかありません。そうしなければ、何も言えないはずです。

学習指導案という文章は、授業者である教師の自覚の表現である。哲学である。

私は、ここまでに、例えば次のような疑問・批判を呈してきた。学習指導案は、それらに答えるべきものである。

1. なぜ、「何で生まれてきたんだろう」という発問のことばのあいまいさ・多義性をそのままにしておくのか。
2. なぜ、子どもたちは、重要な語句(概念)の内容を明らかにせずに発言が続けられるのか。
3. 子ども各人には、今の時点・段階で何を問題にしているのかの自覚が要る。子ども自身が、そのような分析・整理をするべきなのである。
4. 発言の裏づけ(根拠)となるような事実が示されないままで、発言が続けられている。根拠が不明な思いつきをしゃべっているにすぎない。
5. こんなに恣意的な(気まぐれな)発言が続くのに教師は何の指導もしていない。この対話で、子どもには、どんな望ましい向上が生じたと、教師は思っているのか。
6. 子どもは、「言葉の意味や言葉に対応する事実は気にしなくてもいい。気の向くままに思いつきを(何の整理もせず)しゃべってもいい。」と教えられつづけていることになる。つまり、そのような悪しき「かくれたカリキュラム(a hidden curriculum)」を与えられつづけたのである。
7. 子ども個人には、言いたくない思いも有る。思い出したくない経験も有る。それなのに集団の中で、そのような内面を告白させるようなシステムの「対話」なのである。子どもには「こんなこと、話し合いたくない。」と言う自由が有るということを教師は明言するべきなのである。

（被疑者の取り調べにおいてさえ、黙秘の権利が有ることを告げることが義務づけられているのである。）

8. だからこそ、子どもには、自分以外の人びととの経験についての知識が重要なのである。（深澤久氏の実践を見よ。）子どもたちは、自分の内面の告白をしなくてすむ。自分以外の事実に即した形で楽な気持で自分の思いを述べ得る。直接的に自己を告白させるのを避ける。これは、「現場教師」の安定した常識的な知恵である。

9. 右のような意味での他者についての知識も欠けている。自分の思い出を語るほどの気持にもなれない。言葉の意味も意義的に吟味されてはいない。こういう状態での「対話」が全然深まらず、軽い思いつきで流動し、「選ばれし人」や「残酷」や「警察」の話題に何の根拠づけもなく移り変る——こういう無自覚・無原理は、子どもを不まじめにする。頭を悪くする。

10. 〈考える〉という働きは、〈語る〉・〈調べる〉・〈知る〉という働きと、どう異なり、どう関係しあっているのか。企画者・提案者には、その理論が全く欠けているのである。

11. どんな類いのことを明らかにするために「対話」をしているのか。この自覚が教師に無いから、右の10の理論も持ち得ないのである。

学習指導案は、予め右のような授業の問題点に対応して教師の考えを述べる哲学的文書である。(もちろん、授業後の自己批判の文書も有る。)それさえ作らずに(作れずに)授業をするというのは、ひどい無責任である。素人の思いつきの授業である。ちょうど、カルテや診療計画の文書も無しに手術を始めるやみ医者の所業のようなものである。

徒らに「哲学」の美名に隠れて、こんなに無自覚な実践をするとは、実に非哲学的な事態である。

問う。K小でのあの授業のどこで、何故に、「批判的思考力・創造的思考力、ケア的思考力の涵養」が行なわれているのか? 具体的に示してもらいたい。

日本が「後塵を拝している」(一八六ページ)と言うほど進んでいる(と見なしている)諸外国に学んでいる人たちがこのK小の授業をしたのである。諸外国での実践も、このK小での授業と同様のものなのだろう。(K小の授業と対立するほど違っているのならば、何も言わずにK小の授業をするはずがない。)

外国でも、こんな程度の実践が行われているのが現状ならば、そんな外国の理論・実践を学ぶ必要は全然無い。いや、学んではいけない。

要するに、K小の授業ごときものが「哲学対話」ならば、諸外国も、悪性の流行病に感染しているのである。見習ってはいけない。拝外主義・事大主義を反省すべきなのである。「後塵を拝する」……塵が舞うような出来の悪い粗末な道路を彼らの後について走るのは愚かである。自国の教育の現状を明確に認識し、自分の道路を創るべきなのである。

諸外国の「対話」は、我が国での様々な話し合いの実践に比べて、どのレベルに位置するものなのか。「子どもとの「哲学対話」の主唱者たちは、まず、そのような比較をするべきなのである。

V

なぜ対話なのか。

一応、哲学的思考の教育の重要性は認めよう。しかし、そのために、なぜ対話なのか。なぜ他の方法ではないのか。他の方法と対話とは、どう違い、どう関係しあうのか。それを「哲学対話」の主唱者は、全然、説明していない。

対話は、哲学的思考の方法としては、かなり劣った第二級の(マイナーな)方法である。

このような評価を書くと、プラトンの著作におけるソクラテスの対話を根拠に右の評価を批判しようとする無邪気な(ナイーヴな)読者もいるかもしれない。

あれは、事実としての対話の過程をそのまま記録したものではない。古代ギリシャには録音機は無かったのである。ソクラテスが対話をしたのは事実なのだろう。しかし、プラトンは、事後に、読むための作品として、ソクラテスの対話の形式で書いたのである。

今、私の手元に有る『ゴルギアス』や『テアイテトス』は、岩波文庫で二百ページ台の書物である。口頭の音声で、この対話を朗読すると、数時間で朗読は終わる。音声が生じ聞かれる時間は、そんなものである。短時間である。

しかし、この本を理解しつつ黙読すると、数時間では読めない。そんな速さでは、頭がついて行けない。うなりながら、線を引きながら、何日もかけて読む。

つまり、ゴルギアスやテアイテトスらの人物の思考は、この本に書かれている言葉のままでは、この対話の音声について行けなかったはずである。こんなに無駄なく(コンパクトに)、冗長度が無い話し方では、(いかに彼らの頭が良くても)話し言葉のスピードについて行けなかったはずである。こんな難しい話をすらすらと聞かされては、何のことか、わからなかったはずである。

要するに、これらのプラトンの本に書かれているのは、対話の過程の記録ではない。対話の結果(所産)を、あたかも対話が進みつつあるかのような形式でまとめた読み物である。

実際の対話の過程には、もっと無駄が有ったはずである。「あー」とか「うー」とか言う。言いよどむ。言い間違える。くどく繰り返す。確認のため聞き返す。大声を出す。何分間も黙って考えている。……これが対話の過程である。

現実の子どもの対話の指導を論ずるならば、対話の結果(所産)であるソクラテスの「対話」のようなものと比較してはならない。対話の過程を考えねばならない。

対話の過程は、とにかくその場に居つづけなければならない。話したり聞いたりすることに没頭することが期待されている。また、話したり聞いたりが続くことになっている。

無駄が有る(冗長度が有る)という条件は、必要なことである。冗長度(redundancy)ゼロで、一言一句の無駄も、くり返しも無い言葉使いで話されたのでは(特にソクラテスの対話のように非日常的な内容を話されたのは)、理解はきわめて困難なはずである。

要するに、ソクラテスの対話をモデルにするのは、愚かな誤りである。

対話というものは、特殊な方法である。哲学的思考の小さい一部分に過ぎない。例えば、前記のように、話しつづけ、聞きつづけているから、わからないことが有っても、調べに行くことも、本を読むことも出来ない。

また、バートランド・ラッセルは、右とは別の観点で、次のように言う。（市井三郎訳『西洋哲学史 上巻』、みすず書房、一九五四年、九九—一〇〇ページ。「常用漢字」など現代表記に改めて引用する。なお、原著は、次のものである。Bertrand Russell, "*A History of Western Philosophy—and its connection with political and social circumstances from the earliest times to the present day*" 1946. 当面、市井氏のこの訳文に頼る。）


弁証法、すなわち質疑応答によって知識を探究する方法……〔略〕……。

……〔略〕……

弁証法的方法は、ある種の問題には適しているが、ある種の問題には適してはいない。……〔略〕……プラトンの探究は、その大部分が、この方法で扱えるようなものだったのである。そしてプラトンの影響を通して、次後の大部分の哲学は、彼の方法からくる諸制約に縛られるに至った。

ある事柄は、そのようなやり方で扱うには、明白に不適当である。

例えば、経験科学がそれである。確かにガリレオは、自分の理論を明確に唱えるために、対話様式を用いはした。しかしそれは、偏見を克服するためにやったに過ぎない。彼の諸発見の積極的な根拠になっているものは、非常なわざとらしさを加えなければ、対話に挿入することはできなかった。プラトンの諸作品においては、ソクラテスは常に、彼が質問をしかけているひとがすでに所有している知識を、自分はただ引き出しているに過ぎない、と見せかけている。その理由から彼は、自分を産婆にたとえるのである。対話篇「ファイドン」や「メノン」において、彼がその方法を幾何学的諸問題に適用している場合には、彼はどのような裁判官も異議を申し立てるであろうような、誘導質問をやらなければならなかった。弁証法というものは、回想説とよく調和するる。回想説とは、われわれが物事を学び得るのは、前生においてすでに知ったことを、憶い出すからであるという説だ。このような見解を頭に置いて、バクテリアによる病気の伝染、といった顕微鏡を用いてなされた発見を、どれでも考察してみるがいい。以前には無知であったひとから、質疑応答の方法だけで右のような知識が、引き出せるなどとはちょっと主張できないであろう。

ソクラテス的方法によって処理するに適当な事柄とは、次のようなものである。すなわちすでにわれわれが、正しい結論に到達し得る充分な知識は持っているが、思考の混乱だとか分析のし足りないために、われわれの知識をもっとも論理的にうまく利用することが、できなかったような問題なのである。「正義とは何か？」というような問題は、プラトン的対話で討論するのに著しく適している。われわれはすべて、「正」とか「不正」とかいう語を自由に使っているが、その使い方を検討することによって、われわれは帰納的に、慣用法にもっとも適した定義に到達することができる。それらの語がどのように用いられるか、ということだけを知っていればたくさんなのだ。しかしこのような探究に結論が出た時には、われわれは論理学上の発見をしたのではなく、ある言語学的な発見をしたに過ぎないのである。

右の引用の範囲内でのラッセルの主張は正しいと、今のところ思う。

右の主張と先に引用したＫ小での授業とをつき合わせて考えよう。

子どもたちは、生と死についても、「悪い人」についても、「昔」についても、乏しい知識しかない。知らない事柄については考え得ないのである。手持ちの概念の内容は貧弱である。貧弱であるということの自覚も無いのに話しつづけるから、空疎な「対話」にしかならない。

ラッセルが言う古代ギリシャ人の「正しい結論に到達し得る充分な知識」は、今日の私が見ると、かなり限られたものである。しかし、子どもたちには、その程度の知識さえ欠けている。

概念は、具体的な経験内容と対応していなければ働き得ない。概念を分析・検討するのは、そのような経験との対応を知ることである。Ｋ小の子どもには、そのような経験が無い。「対話」に出てきた「戦国時代」のように、いわゆる「間接経験」の情報で知ったことも乏しい。そのような状態では、古代ギリシャの「対話」でさえ不可能なのである。

具体的な材料を共有している状態が終始欠けているのである。「欠けている」という自覚が子どもにも教師にも無い。だから、調べたり読んだりして材料を補充する学習も行われない。このような条件下では、話し合いは成り立たない。実際、成り立っていない。

Ⅵ

「対話は哲学的思考を妨げる」

「子どもとの哲学対話」の主唱者は、そして読者諸賢は、いったん、こう考えてみるべきなのである。なぜ、対話は哲学的思考を妨げるのか？　右の命題の根拠は、どのようなものであり得るか？

思考は、自分自身がするのである。自分が考えればいい。それなのに、なぜ他者と対話するこ

とが必要なのか。

まず、右のように自ら問うてみるべきである。このように、まず思い切った根源的で極端な(radical な)立場をしてみるのこそ、哲学的思考の本性である。

私は、前述のように（一九一ページ）、大学弁論部の出身である。また、大学では学部長などの役職もさせられた。多数の人の前で話す経験や議論（論争）の経験は、人なみ以上に有る。だから、この場合のような、二人以上の他者と話し合う形式の対話も、きらいではない。

しかし、対話は、ときに不自然であり、思考の妨げである。

その場の他者に理解させるように話さねばならない。そのために、自分がもともと考えていたことを変形させた形で表現する。相手には通じない論点はあきらめて、言うのを避ける。相手にわかる程度に表現するために、厳密さは捨てる。……要するにコミュニケーション用の思考を働かせているのである。自分が独りで黙って思考したものとは違う。他者との妥協が有り、変形が生じる。

私の世代の哲学青年の理想的状態は沈潜であった。独りで自分を見つめて静かに考えつづける。これと対話との間には、たいへん距離が有る。逆方向の働きでさえある。ゆっくり静かに考えることが必要である。その時には、他者に向けた口頭の表現をどうするかは、まだ考えてはならない。他者を気にせず自分自身で納得がいくまで考えるのである。

また、自由で創造的な発想の初期段階の思考は、他者に話す気にもならない状態での思考である。言葉にならない思考である。自分だけで考えているのであり、その考えを他者がどう思うかなど気にしてはいない。自分で考えたいから考えているだけである。

それなのに、「対話」の過程においては、自分一人で静かに長時間、思考する自由が無い。考えをゆっくり文章に書く自由も無い。考えるために、問題意識を持って読書する自由も無い。

「対話」は表現・伝達、つまりコミュニケーションの技術なのであり、思考の技術ではない。思考の訓練が副次的に意図されている技術なのである。

哲学にとって何よりも必要なのは、自分個人の自由である。自分に誠実で、他者との妥協を避け自由であるためには、ゆとりが要る。時間的に強制される、急がされる状態では自由で入念な発想は不可能である。対話の過程では、この理想的状態は保障されない。

今、私は原稿を書きつつある。考えながら書く。書きながら考える。この遅い速度とゆとりが快い。入念に、十分に冗長に、くり返しをつけながら、しつこく書き、考える。この書き方・考え方は、自由で、自分に対して忠実な状態である。しかし、全力を投入しているので、書く量は限定せねばならない。勢にまかせて書くと、早くなり過ぎ、書き飛ばす状態になる。筆(思考)が荒れる。緻密さが失われる。だから、一日に、原稿用紙五枚以内に制限する。

このように、文章を書くという技術が私の哲学的思考を鍛えてくれる。対話という技術には、それが無い。文章を書いて鍛えられるような部分、つまり思考の中心的部分は、対話では鍛えられない。

同じ趣旨の論は、授業におけるディベート形式の対論や、教師と学生との間の発問・応答についても、当てはまる。口頭でのやりとりには、時間の余裕が無い。落ちつき・ゆとりが無い。だから、哲学的思考において本質的な要素である懐疑が生じない。

教師が出した問いに対してでさえ、次のように、様ざまな異議・疑問が呈されるべきなのである。「その問いは成り立つのか?」「その問いは、多義的である。」「その問いはあいまいだ。」「そんな、被害者が生じるような問いを出すべきではない。」「基本的概念が不明なので、その問いには答えられない。」「そんなこと、論じたくない。」

最近、俗評が良いサンデル教授の問答的授業についても、せっかち、急ぎすぎ、教師の側の思い込み、未熟・不明な概念が目立つ。学生に事例を分析・批判する自由を保障していないのである。

右の「懐疑」は、換言すれば、〈メタ対話〉の思考である。つまり、そのままでは、気分任せで流れて行っていまうK小の授業のような「対話」自体を、分析・検討する思考である。例えば、自ら次のように問う思考である。「この問題設定は何を意味するべきなのか。」「大体どのような類いの問題解決に向うべきなのか。」

このようなメタ対話によって自ら対話の進行を計画・統御するからこそ、思考は自由になる。前出の「発表要旨」(一八六ページ)が言う「テーマについての考えを深めていく」のには、メタ対話が要るのである。

しかし、K小での実践を見ればわかるが、この「発表要旨」は、きれいごとのスローガンに過ぎない。「羊頭狗肉」である。

「テーマについての考え」とは、テーマの検討のはずである。テーマについてのメタ思考であるはずである。子どもたちは、いったい、どこで「テーマについて」考えたのか？　テーマが何を意味するかを考えたか？　考えてはいない。

また、「発表要旨」は、次のように言っている。（一八六ページ）

「教師は、……〔略〕……子どもとともに議論を深めるファシリテーターの役に徹する。」

これも看板だけのスローガンである。あの授業のどこで、教師はそんな役を果たしていたのか？　どこで、進展を助ける(facilitate する)役として議論を深めたか？「何で生まれてきたんだろう」という問いの意味も、問いに関係・対応するであろう事実も確認されず、不明のままであった。なぜ教師は看板どおり「ファシリテーター」役をしなかったのか？

「神様に選ばれた」と「この世に必要だから生まれてきた」との関係も不明なままで、動物の乱獲についての発言にいきなり(移行の根拠の説明も無く)飛躍した。なぜ教師は、「ファシリテーター」として発言の重要な点を意識させる焦点化を図らなかったのか？

こんな散漫な、子どもも熱心にはなり得ないおしゃべりは、「オープン」だといって評価すべきものではない。互いの発言のどこがどう違っているのかの確認が無いのだから、話しあいは深まりようがない。対立点が全員に明確にわかる議論は成り立つはずがない。

教師の「ファシリテーター」としての役割が具体的にどこでどう果たされるべきかは、学習指導案に示されるべきものである。哲学は、自らの思考について自覚的であるはずのものである。

もちろん、学習指導案で計画しておくべきことは、教師の役割だけではない。

他に学習指導案に書くことによって自覚しておくべきことは何か。

例えば、次のような問題である。

① 参加者が共有すべき事実の知識が有る。それを書いた資料が要るのではないか。また、対話の進みかたをその時点で共通に確認すべきではないのか。

② そのために、確認した事柄を黒板に書くべきではないか。

③ 発言にあたっては、完全な(欠落・省略が無い)文(センテンス)の形で終りまで明瞭に言うべきではないか。(「あるって言えばあるけど……。」「銃とか持っていると犯罪になったりして……。」のような不完全な形ではなく、整った形の文を言わせるべきである。それが論理的意識を明確にさせる。)

④ 教師が司会をするのは、なぜか。子どもに交代でさせるべきではないのか。(それぞれの意見の関係・異同を意識させるのである。これによって、議論の流れの整理をする能力が育つ。)

⑤ 教師の指示・発問・説明等の、いわゆる「指導言」をどう計画するか。少なくとも、教師の

指導言こそ、右の③にも述べたような、正確で整った言葉であるべきである。ところが、教師の言葉は乱雑である。

例えば、「少し簡単でいいけど、」……「少し」は少しの量のことなのか。それとも、簡単さの程度のことなのか。

「で、人間が選ばれたものだからっていって、そういうことをやっていると良くないんですかってことね。はあはあはあはあ。」……これは、子どもがまだ明確に言い得ていないことを代弁（通訳）した指導言である。これは、発言者である子どもＳ６自身に言わせるべきものである。（５年生に対してなら当然の要求である。）Ｓ６に対して「もう一度、皆にわかるように、ゆっくり言いましょう。」と指示すればいい。

この「ゆっくり」は重要なカンどころである。「明瞭に」、「ずばりと」、「すじを」、「整理して」などと言うのではない。「ゆっくり」話そうとすれば、内容は自ずから整理される。

内容の論理ではなく、速度の心理の側面を指示するべきなのである。

教師は指導言を慎重にコントロールし、いわゆるブレを無くすべきものである。そうすれば、右の代弁がやり過ぎの「誘導」であることに気づく。また、整わない、せっかちな代弁ゆえの言い誤りにも気づく。つまり、「で、人間が選ばれたものだからっていって、そういうことをやっていると良くないんですかってことね。」〔傍点宇佐美〕では、入念に聞けば、意味不明であることがわかるはずである。最低限の修正は、次のようになる。

「で、人間が選ばれたものだからと言っても、そういう乱獲をやっていても良いんですかってことね。」……要するに、あの教師の指導言は、「ない」が一つ余計だったのである。

右の③⑤のように、子どもも教師も発言を正確に整えるべきことは、全教科・領域を通じての常識である。普通のまともな教師なら、この常識を実践している。

この「対話」のような無秩序・恣意・背理を自由と混同してはならない。自由のはき違えである。

子どもたちは、他の教科・領域のコミュニケーション原理とは矛盾した恣意的な（気まぐれの）教えを受けつづけていたわけである。

前記のようにそれ自体、哲学的文書である学習指導案に書くべきことは多い。

例えば、なぜ、口頭の対話なのか。なぜ、作文の交換・交流の形をとらないのか。(国語の授業では、そのような実践が既に有るのに、なぜそれから学ばないのか。)

要するに、話す・聞く・書く・読むという活動の方法は、それぞれ哲学的思考において、どのような特性を有するのか。そのような理論の必要が意識されていないのである。

そういう全体構造の意識が無いままに、〈対話〉のみが注目されている。これは無原理な「つまみ食い」・「こだわり」に過ぎない。このK小の「対話」は諸教科・領域における授業の一般的水準よりも、はるかに低い。例えば、口頭での発言は、書く活動(メモ・ノート・作文・板書)とどう組み合わされて指導されるべきか。「哲学対話」の主唱者は、そういう問題意識が欠けているらしい。

換言すれば、教育課程(カリキュラム)の総体構造の中で、「対話」をどう位置づけて、構造の他の部分とどう相互作用・相互影響させるべきか。この問題意識を持たねばならないのである。

読み書きの能力を育てるのが先決問題である。正確な文体で整合的な文章を書く能力が未発達な者に明確な「対話」が出来るはずはないのである。

Ｆ・ベーコンは言った。「読むことは内容豊かな(full)人間を作る。書くことは精確な(exact)人間を作る。話し合い(conference)は気が利く(ready)人間を作る。」有名な金言である。

この金言の発想のように、教育方法の分担・相互作用の関係を考えねばならない。「哲学対話」の主唱者たちのように「対話」だけを無原理につまみ食いしてはいけない。

右の私の論述は、教育方法に関わるものである。読む・書く・話す・聞くの関係についてである。くり返し言うように、学習指導案は、このような関係についての自覚を記しておくべきものである。

では、教育内容については、どうか？　「哲学対話」を、教育内容の観点においては、どう分析・評価するか？

考えるべきことと、知るべきこととを、具体的に(この「何で生まれてきたんだろう」の対話の内容に即して)区別すべきである。

知らなければ、考えられない。知ることによって、考えるための材料を得なければならない。

K小での授業を分析して、右の問題を具体的に考えよう。

「何で生まれてきたんだろう」という問題で思考するためには、生まれてきてからの様ざまな事実を知らねばならない。思考の内容は、この知った内容に規定される。つまり、材料によって規定される。

生まれてきてからの事実は、各人の生活経験の評価を含む。うれしかったこと、悲しかったこと等の意味づけが有る。つまり、自分自身による実感的評価を離れての事実ではない。

各人がそのように思考すると、各人の生まれてからの事実も、それについての思いも、それぞれ違っていることを知る。この違いを言葉で伝え合うことが困難だということを知る。話し合いの共通の問題として「何で生まれてきたんだろう」は不適当だということが明らかになる。

もちろん「哲学対話」に限ったことではない。授業一般においてこのような、A．思考すべき問題と、B．そのために知るべき知識との関係が有る。

このA・Bの関係を、A．「目標(ねらい)とB．教材との関係」と言い換えてもいい。目標の達成のためにはそれに見合った必要な教材というものが有る。

もちろん、教材は、初めから教材として存在していたのではない。教材は世の中の事実の表現である。教材化されたものである。だから、教材を使っていると、そのもとの事実が気になることがある。つまり、もとの事実が不当に狭められ、あるいは歪められて教材化されたのだと思い、気になるのである。だから、さらに、この教材と、教材化以前の事実とを比べて考える。こういう狭い、あるいは歪められた教材を要求しているようなねらい(目標)の方が狭く歪んでいるのだと思えてくる。

「何で生まれてきたんだろう」も「乱獲」も「悪い人」も、どのような事実と具体的に対応しているのか。この問いに対する答えは、子どもたちに共有されていない。つまり、概念と事実との具体的な対応関係が不明なままに「対話」が形だけ行われていたのである。どんな経験的事実を意味するのかを明らかにしないままで、抽象的な語句が使いつづけられていたのである。

こういう、経験から遊離した抽象的語句の独走は、「哲学」を自称する論説文に広く見られる症状である。授業における「哲学対話」も、この症状を免れ得てはいない。

さらに、授業においては、方法というものが機能している。この「哲学対話」の場合では、「対話」と称される話し合いが方法であった。

先のA．目標、B．教材と区別して「C．方法」と記す。

K小の授業の場合、方法（つまり対話）との関係において、「何で生まれてきたんだろう」を思考させるという目標は、はたして適切か。私はそう疑ったことになる。

〈目標〉・〈教材〉・〈方法〉の間には、このような相互間の緊張した関係が働いている。

「哲学対話」の主唱者たちには、このような三者の相互関係の自覚が欠落しているようである。哲学者というものは、授業の現実をこんなにも甘く見ているのだろうか。

くり返し言うのだが、学習指導案という文書は、教師が右の三者の相互関係をいかに自覚したかを書くべきものである。学習指導案の必要性を意識できない状態は、哲学からは遠く離れている。

右の〈目標〉・〈教材〉・〈方法〉の相互関係を授業の具体例について確かめよう。

例えば、K小の「対話」の場合、教材が乏しすぎるから、安易な（事実は認識していない）連想で、話題が流れ移るのである。（「乱獲」→「悪人」のように。）もし、生活の経験や生死の事実を具体的に示すような教材が十分に与えられていたら、話題の安易な流動は起こらなかっただろう。

また、教材が、そのように十分だったならば、「何で生まれてきたんだろう」問題を考えるという、もとの目標そのものを疑い、別の問題を設定するという思考（逆流の思考）も可能になる。具体的な事実の知識には、最初の抽象的概念を疑わせる可能性(潜勢力、ポテンシャル)が有る。

「知る」・「考える」そして「話す」・「聞く」・「読む」・「書く」……このような方法上の諸行動のバランスや相互関係、構造を考えねばならない。方法のこのような計画は、当然、目標・教材のあり方との関係を考えてなされるべきものである。ところが、K小の「対話」授業には、このような考慮の跡さえ無い。「初に対話ありき」と思い、この授業の形以外の可能性は考えなかったのだろう。哲学的な態度ではない。

Ⅷ

シャロン・ケイ、ポール・トムソン(河野哲也監訳)『中学生からの対話する哲学教室』(玉川大学出版部、二〇一二年)という本が有る。(Sharon Kaye, Paul Thomson: Philosophy for teens, questioning life's big ideas, 2007 の訳書である。)

ここまでに述べてきた観点で、この本を疑ってみよう。

内容の構成を知るには、この本の「まえがき」が便利である。次のように書かれている。(同書、iiiページ)

この本は、美学と倫理学に焦点をあてて、価値について論じている本です。さまざまな思考の結びつきを強調するために、時代ごとではなくテーマごとに分類しています。その一方で、本文に関連する細かい歴史的事実については、別にコーナーを設けて説明しています。

各章とも、実際にありそうな何気ない対話から始まります。対話のなかに登場するふたりの若者は、何かを巡って意見が対立しています(たとえば、嘘をつくのはどんなときでも悪いのかとか、愛とは何かとか)。ふたりの意見の不一致は、ある問題についての2つの哲学上の立場を例示していて、その章のテーマを提示しています。

それぞれの章では、古典的な哲学上の論争のさまざまな側面を詳しく検討します。そこでは、さらに議論の余地のある主張を検証するための「思考実験」のコーナーが、必ず設けられています。また、各章とも最後には、「討論すべきテーマ」「練習問題」「活動」「社会活動へのステップ」「理解を深めるブックガイド」のセクションが設けられています。活動をとおした学習によって哲学に命を吹き込むことが、私たちの目標です。

この部分を読んで、私は次のような疑問を持った。

1.「哲学に命を吹き込むことが、私たちの目標です。」……哲学とは、そんなに(目標に掲げられるほど)貴重なものなのか。哲学ではなく、子どもの思考が創造的・批判的になることの方が大事であり、目標とすべきものではないのか。著者は、そのような望ましい思考を「哲学的」と称したいのかもしれない。しかし、それは威張り過ぎである。哲学による、**思考指導**の独占の宣言である。哲学によらなくても、創造的・批判的思考は有る。

子どもの思考は、哲学のために有るわけではない。哲学者の独善が現れたようだ。

2.「ふたりの意見の不一致は、ある問題についての2つの哲学上の立場を例示していて、その章のテーマを提示しています。」……なぜ、「ふたり」「2つ」と限るのか。われわれが現実に生きていて問題だと思う事態は、多くの場合、二つの立場などで見通せるものではない。三つ以上の立場が有ったり、そのそれぞれの立場が部分的には重なり合っていたりする。(ちょうど、現代日本の多党化状況のようなものである。)だから、問題に対処する個人は、単純に二(三……)者択一の意思決定などしない。足して二(三……)で割る。別の補助的代案を出して混合・融和させる。解決を先延ばしして事態の変化を待つ。……等々はるかに複雑・多様に思考するのである。(この

へんの論理については、〈ディベート〉批判の箇所を見ていただきたい。六二ページ）

異なる意見は、それぞれ、複数の側面が有り、側面によって様ざまな異なり方をしている。異なるとしても、程度的に異なっているのである。違いは程度が違っているのである。だから、「2つの哲学上の立場」などという純度が高い画然たる差違は無いのが、現実の多くの場合である。画然と二つの立場が対立するなどと考えるのは、哲学の幻想である。

3. いつでも思考すべきなのか。一つの単元、一時限の授業の過程の中で、与えられた対話例（「実際にありそうな何気ない対話」）の事実を知るだけでいいのか。この材料の枠内だけで考えつづけていいのか。子どもは、この他の事実を自力で探し集めなくてもいいのか。

この「まえがき」を読んで、いわゆる「不吉な予感」がする。

そこで、例えば、「第12章　政府がなかったらどうなってしまうのか」を見る。

初めの「実際にありそうな何気ない対話」と称されていた「対話」は次のとおりである。（同書、一一〇—一一一ページ）

隆史は落ち込んでいました。これまで、隆史の住んでいる市では貧しい学生にたいしてバスの運賃の補助を行ってきましたが、それを打ち切ろうとしていると聞いたからです。いま、隆史は友人や近所の人たちといっしょに抗議活動をしています。バスターミナル前の道に見張りを立て、補助金が復活するまでバスのチケットを買わないよう、人びとに訴えるのです。隆史は現場に到着すると、友人の優香のところに駆け寄りました。

隆史　〔優香に手をあげて挨拶をする〕やあ、心配そうだね。なにかあった?

優香　うん……正直いうとね、この抗議活動を考え直しているのよ。歩道をふさいで、世間に迷惑をかけているわけでしょ。このせいで、バス会社だけじゃなく、ほかにも多くの企業に多額のコストを負担させることになるわ。彼らがしたことに抗議しているっていっても、同じことをするのは偽善的に思えて……。

隆史　でも優香、アメリカやドイツでは、市民の不服従は憲法で認められているんだよ。法律を破るっていっても、ちゃんとした理由があるんだ。じつをいうとぼくは、「これで十分だ」なんて思っていない。テレビのレポーターに興味をもたせるためには、窓を何枚か叩き割るべきなのかもしれない。さあ、やっちゃおうぜ!〔隆史はいこうとする〕

優香　〔叫んで〕ちょっと待ってよ! 暴力的なデモは憲法で禁じられているのよ。人のものを壊したりだれかを傷つけたりしたら、自分たちは市と同じようなアホな集団だといっているようなものだわ。

隆史　〔優香のほうに顔を向けて〕うまいこと抗議をしたいんだったら、アホにだってなるべきなんだよ。

優香　そんなことないわ。私たちは、市議会に書類で申し入れるべきなのよ。バスの補助金にこだわる理由を、全部伝えるの。

隆史　〔怒って〕君がほんとうに心配しているのなら、もっと勇敢に立ち向かうはずだよ。これは、深刻な問題なんだ。多くの人たちの生活が、危険にさらされているんだ。書類を出したって、しょせんは自己満足じゃないか。ぼくは結果がほしいんだ、いますぐ。

隆史は、野球のバットをカバンからとりだすと、ズンズンと歩いていってしまいました。優香は手で口を覆って、そこに立ちつくしていました。

そして、その後に次のような「問題」が書かれている。（一一一ページ）

問題

●隆史は、市にたいしてどのような抗議活動をすることを望んでいますか？　優香はどうでしょう？　あなたはどちらにより賛成しますか？　その理由は？
●この状況下にマーチン・ルーサー・キング牧師がいたら、なにをすると思いますか？
●不公平だと思っていることについて抗議をするときの事例をあげてみましょう。あなたに賛成しない人がいたとします。あなたは、どのように自分の行動を説明しますか？

事実を認識する（事実の知識を得る）ことと、問題に対する答えを考えることとの関係をアメリカのこの本について（特に右に引用した第12章について）考えよう。

いったい、何故バス運賃の補助を打ち切ろうとしているのか。つまり、市の行政当局や市議会（の打ち切り賛成議員）には、どんな言い分が有るのか。それを全然知らない状態で、何が考えられるのか。なぜ打ち切り措置は悪いことだと決めてかかるのか。

反対運動など、するべきではないのかもしれない。また、事実を知れば反対の方法も変わってくるのかもしれない。

市の予算の構造は、どのようになっているのか。支出を削るべきところ、増やすべきところは、どこか。

相手の言い分を聞こうともせず、実状を調べようともせずに反対する(反対の方法を考えさせる)とは何ごとか。

子どもたちは、「相手の意見は聞かなくてもいい。事情を調べなくてもいい。とにかく隆史と優香との態度のみについて考えよ。」と教わりつづけているわけである。「知ろうとせずに(限定された範囲をあてがわれるままに)考えよ。」という悪しき「かくれたカリキュラム」(a hidden curriculum)を教えられているのである。

このような子どもの不自由な、狭い枠内での思考を「創造的」・「批判的」・「ケア的」と美称するのか。偽善的である。「羊頭狗肉」である。

まともな教師ならば、もしこの資料をあてがわれたとしても、まず次のように発問するはずである。

「この資料だけではわからない(もっと知りたい、知らないと、それ以上考えられない)事実は何か。挙げなさい。」

もちろん、知るべきは、市の行政・立法の側についてだけではない。例えば、一般市民や学生、そしてバス会社の意見と実状をも知らねばならない。知らなければ、判断すべきではない。知らずに考えることは出来ないのである。

要するに、教師があてがった枠組は、隆史と優香との物語なのである。フィクションに過ぎない。フィクションだから、作者は「そう思ってくれ。語られていない他のことは気にしないでくれ。」という態度なのである。

幼児は「桃太郎」の話を聞かされて楽しんで満足している。しかし、授業として「批判的」・「創造的」に考えよと言うなら、ただではすまない。作者は例えば次のようにこっぴどく批判されるはずである。

「なぜ、きび団子などに誘惑される無原理・無信念のイヌ・サル・キジという傭兵を頼むのか。なぜ一般民衆の助力を求めないのか。」「桃太郎がしたのは、（法律学で言う）自力救済である。違法行為である。暴力で宝物を奪う強盗行為である。」

隆史と優香との物語も、おとぎ話に過ぎない。

教材(事実の情報)と、思考を要求する学習問題との間には、適切・十分な関係が有るべきである。ある均衡関係が要る。

教材が不十分な場合、あるいは教材が方向違い・ピントはずれの場合、問題が出されても答えようが無い。それでも教師が問うと、「……と(無理にでも)思え。」「……という方面の事柄は無視せよ。考えるな。」という「かくれたカリキュラム」の押しつけになる。

私は、今まで、「道徳」や国語科・社会科の授業における、このような「かくれたカリキュラム」を批判してきた。

例えば、『「道徳」授業批判』(一九七四年)における批判である。この本は十数刷を重ねたが、現在は在庫切である。入手可能な別の拙著『大学の授業』(東信堂、一九九九年、二九―三一ページ)に適切な箇所の引用が有るので、本書では、そこから再引用する。

> 私は、落語に出てくる「ウワバミ」という語の説明が思い出されてならないのです。「物根問」だったでしょうか、八っつあんがもの知りを自任している御隠居さんにいろいろなものの名前のわけをたずねるのです。イワシは、海中の岩にシッと小便をかける犬みたいな習性があるから「イワ・シ」であり、ヒラメは平ったいところに目があるから「ヒラ・メ」であり、ホウボウは、特に

かぎられた場所ではなくほうぼうでとれるから「ホウボウ」だなどといっているうちは、まだよかったのですが。

八「それじゃ、ウワバミってのは、どうしてウワバミなんで。」

隠「うん、ウワバミ……?ウワバミーっと、そうだな。ウワッ（大声でどなる）」

八「おっ、驚いた。おどかしちゃいけねえ。」

隠「そのウワってのがあると思いねえ。……。」

八「うん、ウワってのがあると……。」

隠「そのウワがバミたと思いねえ。ウワがバミたからウワバミだ。」

八「へえ、ウワなんてのはバミるもんですかねえ。あっしゃウワなんてものは。バミるもんじゃねと思ってましたがねえ。なるほどねえ。」

要するに、まず「うさぎが橋の上でおおかみとあったと思いねえ。おおかみがどなったと思いねえ。……」と、ごく粗く事実経過をならべてのみこませ、次に「おおかみは、くまの親切に感激したと思いねえ。ひとに親切にするのは大事だと思いねえ。」と「思わせ」ようとしているわけです。いいかえれば、事実の重みがないので、「思いねえ」といわざるをえなくなるのです。十分に詳しい事実を与えないので、子どもは「親切」の方向では考えず、他の方向（たとえば弱いものどうしの団結)で考えるかもしれないのですが、そう考えられては困るので、教師側のねらいである「親切」の方へ「思いねえ」とひっぱってゆくわけです。このようなやりかたをかりに「ウワバミ主義」とでもよんでおきましょう。

このウワバミは、「道徳」授業において、のさばっているものです。さきの「こおりついた風力計」もそうです。子どもたちは、野中到は「正しい目標」を立てたと考えなくてはいけないのであり、「ひとたび心にきめたことは……最後までしんぼう強くやり通す」のはよいことだと考えなくてはいけないのです。「野中は政治的に動いて、まず国家の援助をとりつけるべきだった。」とか、「いったん心にきめても、まちがっているかもしれないので、ときどきは反省してこれでよかったかどうか確かめるべきだ。」などといい出したら、この資料の貧弱さでは収拾がつかないことになり、「ねらい」はどこかへすっ飛んでしまうことになるでしょうから、そんな方向に考えてはいけないのです。「……と思いねえ。」式の方法にならざるをえないのです。

右に批判されている「道徳」授業と、アメリカのバス運賃補助打ち切り問題の授業とは、同質的である。ともに、過大なねらいが先行している。ねらいは固定的である。ともに、子どもに知らせている事実の情報は、きわめて貧弱である。また、ともに、子どもにこれ以外の情報を探求させる指導など念頭にも無い。ともに、ねらいに誘導することが見えすいている。子どもの側もそれを推測し、利口な子は教師に調子を合わせて、自発的に問題を考えたような格好をつけた芝居をする。

要するに、右の「ウワバミ主義」の授業である。（また、のみこんで納得するしか許されないという意味でも、また、巨大な「ねらい」・「徳目」にのみこまれてしまうという意味でも、「ウワバミ」的である。）

これに対して、〈政府に抗議・要求する住民〉の例ならば、例えば城山三郎『辛酸――田中正造と足尾鉱毒事件――』（角川文庫）を読むといい。テーマと事実との「均衡関係」は大丈夫である。安心して読めるし、教材化も出来る。

また、このような政府―住民の関係ならば、子どもに新聞記事から事例を探させればいい。「均衡関係」は大丈夫である。

１．貧弱な、情報の乏しいフィクション、２．その解釈をさらに拘束して思考を誘導する意図が見えすいている「問題」、３．ゆっくり慎重に思考するのを妨げる「対話」

この三つは、三つぞろえの三悪である。

なぜ哲学者たちは、こんなにまで、この「三悪」にこだわるのか。（日・米ともにである。）

「こだわる」……『大辞林・第三版』の語釈は次のとおりである。「心が何かにとらわれて、自由に考えることができなくなる。気にしなくてもいいようなことを気にする。拘泥する。」

この語釈は正しい。だから、先の翻訳書の訳文は、意味不明である。(二五一―二五二ページ)

優香の言である。「バスの補助金にこだわる理由を、全部伝えるの。」である。訳者は「こだわる」の意味を知らなかったのだろう。

右に「ウワバミ主義」と評した症状は、「道徳」だけではない。国語科の授業にも根深く巣くっている。今まで、私は(「ウワバミ主義」という名称は使わない場合も)国語科におけるこの症状を批判してきた。例えば、『国語科授業批判』(明治図書、一九八六)においてである。この本は七刷を重ねた。前記の『「道徳」授業批判』とともに、それぞれの領域における理論書としては、戦後、最も広く読まれた本だろう。

少なくとも、この二冊を読んでいたならば、あのような「哲学対話」の誤りもわかっていただろう。

また、「哲学対話」の主唱者たちは、平均的水準以上の「道徳」の授業や資料を調べたか。いや、調べたはずがない。調べたならば、日米のあんな粗悪な授業を支持・容認できるはずがない。

例えば、佐藤幸司編著『とっておきの道徳授業』、桃崎剛寿編著『中学校編・とっておきの道徳授業』(ともに日本標準発行)というシリーズが有る。ともに現在(二〇一二年秋)十巻前後に達している。収録されている資料・授業のほとんどは、フィクションではない。書いている教師たちは、「ウワバミ主義」的フィクションを捨て去り超えている。

アメリカの『中学生からの対話する哲学教室』を右のシリーズと比べるべきなのである。ところが、日本の「哲学対話」主唱者たちには、そうするだけの問題意識も無いようである。

フィクションに書かれていない(しかし、存在するはずの)事実は、調べようもない。知りようもない。例えば、前出のバス運賃補助打ち切り問題のフィクションに書かれていない事実は多い。例えば、「貧しい学生」の数は何名か。市議会を構成する諸政党の勢力とこの問題についての意見分布は？　学生の通学距離は？　市は、貸自転車の補助は出来ないのか。……

実在する特定の市ではないのだから、右のような疑問が出されても、調べようもない。だから、そんな「外的」で「余計なこと」は考えさせない。教師が予定していた「ねらい」「テーマ」到達に合う思考だけに限定させる。この授業の場合では、「暴力によるか、言論によるか」の粗雑な二元論で考えさせるだけになる。「ねらい」の絵ときに過ぎないフィクションの「ウワバミ主義」である。

私は、次の拙著において、この「粗雑な二元論」の強制を主題的に論じた。見ていただきたい。『「道徳」授業における言葉と思考――「ジレンマ」授業批判――』（明治図書、一九九四年）

ジレンマを前提して押しつけ、ジレンマ以外は考えさせない授業の誤りと害を批判したものである。

このバス運賃補助打ち切り問題の授業も、まさにアメリカ製のジレンマ授業に他ならない。こんなに不自由な、枠にはまった思考が「哲学」か。

では、Ｋ小学校の対話授業の場合は、どうか。このバス運賃補助打ち切り問題の授業とどこが違うか。どこが同じか。

言うまでもなく、資料の有無の点では、両者は違う。

「補助打ち切り問題」の方は、曲りなりにも、読まれるべき粗雑な文章が与えられている。それに対し、Ｋ小の授業では、子どもたちの記憶によっているだけである。だから、果して学級の他の子が同じ記憶の内容で話しているのかどうか、不明である。例えば「何で生まれてきたんだろう」「神様に選ばれた」「この世に必要」「生き物を乱獲」などの言葉が、各人の思考の中でどんな事実と対応しているのかは、だれにとっても、不明である。不明のままで「対話」が進む。だから、どんな問題を何故論ずべきか、どのような類いの答に到れば、他の問題の論議に移動してもいいのかの自覚が生じない。いわんや、共通の自覚は成り立たない。

このように、K小の授業の場合、明らかに材料(教材)欠如である。しかし、子どもたちは、この材料欠如には気づかない。いや、教師さえも気づいていない。だから、例えば、「『この世に必要』とは、どんなことで『必要』なの？」と確かめようとはしない。これを確かめれば、例えば、毎日ブラブラ遊んでいる人は「この世に必要」なのかという疑問も出てくるだろう。

他の子の発言について、いろいろ疑問が出れば、それに対する答えを共有しようということになる。それにより、どんな類いの結論を求めている過程に自分たちがいるのかを自覚しやすくなる。対話の流れを整理するメタ対話の発言も出やすくなる。

初めから材料が無いのだから、教師は右のように、疑問を出し、刺激して、それにより、材料が生じるようにしてやらねばならない。それこそが、(「要旨集録」で、企画者・提案者が公言している)「子どもとともに議論を深めるファシリテーターの役」なのである。それなのに、あの授業では、教師は全然その役を果たしていなかった。その役を果たすための準備である教材研究がされていないのである。また、そのような準備を十分にするための学習指導案も書かれていなかった。

つまり、成り行き任せである。子どもの口から言葉が発しつづけられていれば、自由で活発な「対話」だとでも思っていたのだろう。発言内容の評価など全然、考慮されていないのだろう。

補助打ち切り問題の授業の方では、確かに材料である隆史と優香との会話は書かれている。しかし、前述のように、この材料は貧弱である。不明な事柄が、この教材の分析を妨げる。さらに追い撃ちをかけるように、ホッブス、ロック、ソクラテスの思想の紹介が続く。逸脱である。哲学史への逃避である。左に、その部分を引用する。(前出『中学生からの対話する哲学教室』一一二ページ、一一四ページ、原文は横書)

ホッブズは、「社会契約説」を唱えました。「社会契約説」というのは、「政府がつくられ、それが正当なものだとされるのは、市民のあいだの合意による」という考え方です。この契約・合意は、実際に書かれたり話されたりするわけではありません。「社会契約説」を主張するほとんどの人は、「この国のなかで生活し、生きていくことを、契約し同意のサインをしているのと同じことだ」と考えているのです。政府が提供すべき利益をあなたが受けとったなら、そのときあなたは、そのルールによって生活することに〝暗に同意している〟というわけです。

古代の哲学者ソクラテスは、「社会契約説」を唱えた人物のよい例でしょう。若者に悪い影響を与えたという罪で彼が捕まったとき、友人たちは彼に逃げるようにいいました。しかし、ソクラテスはそれを断ります。その理由は、「（自分の）人生全体を守り、必要なものを与えてくれた政府を裏切るのは、悪いことであるから」というものでした。

ロックの考える「自然状態」では、人間たちは一緒に平和に暮らすために理性を使います。では、政府が必要な理由はなんなのでしょうか。ロックの考えによると、人間に政府が必要な理由は、「私たちは常に完全に理性にしたがって行為しているわけではない」からです。私たち（ないし、私たちと親しい人）が、たとえば財産について争いごとをしているとき、私たちは感情的になってしまいます。感情的になってしまうと、私たちの判断は曇り、公平でいることがむずかしくなります。私たちが政府を必要とするのは、争いごとを公平に解決するためなのです。

こんな余計なものの引用は、一段落ずつで十分である。「とってつけた」あるいは「木に竹をついだような」解説である。初めから、哲学史的知識を教える底意が有ったのだろう。

バス運賃補助の話は、どこへ行ってしまったのか。抗議活動とこのホッブス、ロック、ソクラテスとは、あまりに遠い。「どうつながるのか。」と問いたくなる。

こんなに遠く逸脱するのは、「単元の最初部分のバス運賃補助打ち切りやそれに対する抗議活動の事実を詳しく具体的に知る必要は無い。」と教えていることである。前述の「かくれたカリキュラム」を教えていることである。「補助打ち切りの事件は、『大思想家』における個人対国家(政府)の関係という大きい問題を考えるための一過的、便宜的な道具に過ぎない。」と教えていたことになる。

市側の主張も、予算の構成も、市とバス会社との関係も知らなくてもいい、調べなくてもいいと教えているわけである。細かい事実を具体的に知るのは、大きい問題を知るためには邪魔だと見ているわけである。不まじめ・不誠実である。

だから、全然すじ違い、ピントはずれの(irrelevant な)ソクラテス、ホッブス、ロックを思考のより所にしようとする。「大思想家」を基準にする権威主義である。

問う。ソクラテスは市予算の作り方を知っていたのか。ホッブスの時代に、会社は存在したのか。ロックは、市と企業との関係を考えていたのか。（「時代を超えて、人民と政府の関係は変らない。」とでもいう先入見では、何も思考することは出来ない。）

現実の事実に正対する思考を軽視した授業になる。日本の戦後社会科教育の良き部分とはかけ離れ矛盾した、現実離れの不まじめな授業になる。この授業では、補助打ち切りの事例は、教師のねらいに合う部分だけを読ませる道具に過ぎない。「為にする」貧弱な事実しか示さない事例になる。

今まで築かれてきた良き授業を破壊することになる。こんな授業を輸入してはならない。

Ⅸ

哲学（あるいは哲学者）のあり方と、この「子どもとの哲学対話」のあり方との間に、何か重要な関係が有るのではないか。

日米ともに、「子どもとの哲学対話」の主唱においては、従来の哲学者の悪い面が顕著に見えている。次のようにである。

1. 現実の事実をこと細かく具体的に知ろうとは努めない。その意味で、ものぐさである。ぶしょうである。

2. 大きい語・概念を使って語る。それらの概念がどのような事実群に具体的に対応しているのかは意識していない。粗大な(粗雑で内容不明で、範囲が大きい)概念である。例えば、「政府」や「国家」である。これらの概念は現実の細かい事実を超越した本質として考えられているのだろう。本質主義(essentialism)である。

3. 右の1・2はあい絡んでいる関係である。現実の事実を具体的に知って作られた問題は、既成の粗大な概念を疑わしくし、破壊する可能性が有るのに、哲学者たちは、その喜びを知らない。だから、哲学史の知識に基づいた旧い図式に逃避して思考する。

上述のように、「子どもとの哲学対話」なるものは、今まで現実に日本で行われてきた授業よりもはるかに粗雑・劣質な授業である。導入すべきものではない。教育の現実を知らない(調べようともしない)主唱者たちは、怠惰であり、ぶしょうである。不勉強である。その状態で導入を図るのは、無責任なヤブ医者・ヤミ医者と類似である。

「批判的」、「創造的」、「ケア的」が、哲学的思考の特性だと言うならば、わが国での教育実践には、既に哲学的思考を育てているものが少なからず有る。「子どもとの哲学対話」など(紹介された事例で判断すると)導入するのは、不必要というよりも、有害である。

ある教師はこの訳書『中学生からの対話する哲学教室』を読んで、手紙で次のような感想を寄せた。「アメリカの思考指導もずい分低レベルだと感じました。こんなものを無批判に受け入れる日本の教育界、情けないです。」同感である。無批判な受容は、事大主義・拝外主義だろう。

私は、このラウンドテーブルの発表会場では、前記のように(二一七ページ)発言の機会を与えられなかった。だから、無理を押して速口で、ごく短く、次の趣旨を言い残した。

「これは、日本の小学校教育の過小評価である。私の批判は、ここでは時間が無いから、本に書く。発表者の反批判も、活字化された形にしていただきたい。」

反批判が有れば、ぜひ、印刷媒体で公表していただきたい。

第8章　小笠原氏の宇佐美理論批判に対応して

──記号論的覚書──

Ⅰ

やはり前章と同じく、二〇一二年の教育哲学会大会での発表に関わって書く。小笠原喜康氏(日本大学)の発表である。

本書は学術研究の書物なのだから、氏についての敬意表現は、以下、ひかえ目にする。発表の表題は、左のとおりである。

コトバの「理解」論における四つのドグマ
——宇佐美寛の「ことばによる伝達」論を批判の対象として——

発表時間二〇分、質疑応答五分である。

私は、快く、ありがたく聞いた。

この学会では、ほとんどの研究発表が西洋の理論家の通訳に過ぎず、発表者自身の意見は不明だという情ない現状である。（この現状に対しては、宇佐美寛『教育哲学』東信堂、二〇一一年、の各所で批判した。見ていただきたい。）

このような学会の現状の中で、小笠原氏は自分の意見を述べたのである。（しかし、学会というものの本質としては、これは当然のことなので、あまり賛美して、かえって逆効果・悪影響が生ずるのをおそれる。）快挙である。

また、学界において批判されるというのは、これまた当然のことである。むしろ光栄と思うべきである。とにかく、私は批判的研究の対象となり得る価値が有る理論家だと認められたことになるからである。

「質疑応答」の中で、私は、まず右の趣旨を述べ、謝意・敬意を表した。

そして、ほぼ次の趣旨を述べた。

私は、この発表内容を今日、この部屋に来てはじめて知った。小笠原氏も、もちろんおわかりだと思うが、学問研究の世界では、宇佐美は敵なのではない。協力して学問を前進させるべきなのだから、前もって原稿を宇佐美に送り、「当日は、おおいにやりあおう。」とでも挨拶しておいた方がよかった。

小笠原氏も、もちろん同意見であった。

右のように、私には、まだ発表内容を十分に検討するだけの時間的余裕が無かった。この状態で何か答えたり反論したりするのは、軽率であり、無責任である。（他の発表に対しては、聞いた直後に質問・意見を述べたのであるが、この場合はわけが違う。他の発表とは違い、詳細で積極的な批判なのである。しかも、私は被批判者なのである。十分に検討した上でなければ、発言するべきではない。）

だから、私は次の趣旨を言った。

私は、まだ批判内容を分析・検討していないし、質疑応答の時間は短いので、何も言えない。

たまたま、今、書きつつある著書『教育哲学問題集』(東信堂)が来春には出る予定である。今日話すべき内容は、コンテクスト(文脈)が適合するかぎり、その本に書くということで、御了解いただきたい。

今、気になっていることだけ言う。

氏が表題にも掲げている「ドグマ(dogmas)」という語は、「誤謬(fallacies)」にでもとり代えるべきだろう。「ドグマ」とは、例えば、Oxford Dictionary of Philosophy では(私の記憶では)"a belief held unquestioningly ……"というように「吟味され疑われることの無い信念」のことである。しかし、私の頭がそのような状態だということは、知り得ないだろう。つまり、「ドグマ」とは、ある種の心理的状態のことなのである。この場合、不適切な語だろう。

Ⅱ

今、右の公約(批判者である小笠原氏と出席していた会員とに対する約束)を果たすつもりで、書こうとしている。

しかし、今、この仕事は、まことに難しいと感じている。次の理由である。

1. 小笠原氏の配布資料によれば、氏が批判の対象とした私の著書は、『思考指導の論理』(明治図書、一九七三)と『教授方法論批判』(明治図書、一九七八)とである。これらの本にまで遡って、氏と私との違いがわかる一般読者が何人いるだろうか。ごく少数の人にしか理解できないというのでは、本書のような市販の本に書くのは、不適切である。

2. また、当日、小笠原氏の口頭発表を理解し得た出席者も、ごく少数だろう。私は、氏を責めているわけではない。氏の責任ではない。短い時間で、高度の専門的内容の原稿を読み上げるという仕組(制度)の限界なのである。また、この場合、〈言葉・経験・思考〉の問題についての問題意識を予め持っている人でないと、原稿の読み上げの速度にはついて行けない。

3. また、一方の当事者(被批判者)である私自身も、氏の言うことが全てわかったとは言えない。発表時間もそのための資料も、きゅうくつで、十分に詳しくはないからである。例えば、批判対象である拙著からの引用は、不十分である。これも氏の責任ではない。だから、この点で氏を批判するつもりは無い。学会の口頭発表の仕組の欠陥である。そもそも、こんなに高度な専門的な発表内容がこの短い口頭発表という形式に乗るはずがないのである。

学界での研究発表というコミュニケーションのあり方が問題である。著書・雑誌論文・口頭で

の個人発表、シンポジウム……それぞれの違いと問題点を考えよう。

小笠原氏と私とは、例えば交互に批判・反批判の論文を書けばよかったのだろう。書いたものなら、時間にとらわれずに、詳しく書ける。おちついて、ゆっくり、くり返し読める。だから、私があの会場で言う言葉は違うものであるべきだった。つまり、私は、小笠原氏に批判内容をもっと詳しく(時間やページの制限から自由な形で)印刷物(望ましいのは著書)にするようお願いすべきだった。

とにかく、氏が批判したのは、私の著書である。いわゆる単独著書であり、私一人で紙幅の限界にとらわれず書きたい量の文章を書き得たのである。だから、原則的には、批判に対する弁明も防衛ももう書かなくてもいいはずである。私は、その時点では、著書で全てを述べたのだから、もう言わなくてもいい。批判がどの程度まで当っているかは、私の著書と批判との両方を読んだ読者が判断する。それに任せればいい。

右の形が、学界の理想的な秩序(システム)である。十分に詳しく論述した、十分な量の文章が、それぞれの論者によって書かれるのが望ましい。やはり、小笠原氏には、じっくり詳しく論じた文章を十分な量、たっぷり書くようお願いする。

私の大学での師、石山脩平氏は、自分の著書に対する疑問、批判が寄せられると、「これに一々答えるのは、もう一冊書くことになる。」とぼやいていた。学生だった私は、それなら、まとめてもう一冊書けばいいと思っていた。石山氏は、「もう老人で大儀だ」という口ぶりだった。「もう一冊」は書かれなかった。その時(昭和二十年代)の石山氏は、まだ五十代末であった。

今の私は、もう八十歳に近いのだが、批判と反批判を何回も小規模に行う「小ぜりあい」ではなく、新たに「もう一冊」の道を選びたい。「小ぜりあい」は、双方に誤解や逸脱・雑音が生じやすい。小笠原氏が提起した問題についても、もしその必要が有れば、(そして、私に、命と体力が残っていれば、)腰をすえて詳細・精確な一冊で応えたいと願っている。

だから、本書のこの章は、いわば「つなぎ」である。応急措置である。前述のように、一般の読者にわかりやすく、「学界における研究の進展のために、重要な研究問題は何か。つまり、氏の宇佐美理論批判によって、どんな研究問題が見えやすくなったか。」を書きたい。

Ⅲ

小笠原氏の発表のさいには、前記のように、ほぼ口頭での発言と同じ量の文章が配布された。

(以下、それを「配布資料」と称する。)

やはり、前記の〈ドグマ〉問題は面白い。つまり、〈ドグマ〉は教育研究において、いろいろな問題の発想を刺激してくれる重要な鍵概念(key concepts)の一つである。

配布資料には、次のように書かれている。(原文は横書)

> コトバを理解することについて、教育の世界には長く反省のないままに信じられてきた誤った信念、すなわちドグマがある。
> この四つのドグマがより明晰にでている論に、宇佐美寛の「ことばによる『伝達』」論がある(宇佐美、1978)。

まず、「明晰」という語は、これでは誤用である。私のドグマが、こんなに賞賛されるとは、まことに意外である。

「明晰」……「筋道が通って(発音がはっきりして)いて、言うことがだれにでもよく分かる様子だ。」(『新明解国語辞典・第七版』)

筋道が通っている「誤った信念」とは、どのようなものか？　逆に、何を言いたいのか、よく読みとれない、あいまい、茫漠たる文章の場合は、誤っているのかどうか（ドグマかどうか）も、解釈できないという事態が有るのか？　宇佐美の文章は、そうではないがゆえに、誤り（ドグマ）であることが、容易に読みとれると、小笠原氏は言いたいのか？

推理小説には、しばしば、あまりに筋道が通るようにアリバイを作り、細かく説明を用意した犯人が登場する。刑事は、かえって「くさい」と疑う。普通の人間は、過去の記憶があやふや、あいまいなものである。

宇佐美のドグマが疑われるのと、この犯人の場合とを比較せよ。

小笠原氏は「明白（あるいは明瞭）にでている論」と書いた方がよかったのではないか。

「長く反省のないままに信じられてきた誤った信念、すなわちドグマ」と小笠原氏は言う。

私は、自分の理論について、右の定義を考える。私は「長く反省のないままに信じ」てきた状態なのか？　氏は、どのような方法によって、私の長い無反省状態の存在がわかるのか？

小笠原氏の「ドグマ」規定の内容は、次の三要件から成っている。

1. 信念である。
2. 長く反省のないままに信じられてきた。
3. 誤りである。

1・2は、心理の範囲である。心理は個人の機能である。宇佐美という個人の思考が1・2のような状態だというわけである。

しかし、この1・2の状態が有るという立証は、多くの場合、不可能である。宇佐美の場合の1・2は、どうして宇佐美以外の他者にわかるのか。(自分でもわからない場合が有る。自分でも、それを本当に信じているか、反省が無いのか、わからないのである。)批判対象である拙著の発行の前後の期間(「長く」)に発行された他の拙著までを読み、主張が変わっていないので、「長く反省のないまま」だと判断するのだろうか。しかし、変化が無いということは知っても、反省が無いかどうかは知り得ないだろう。反省しても主張を変えないことは有り得るのである。

これに対し、3は、論理(論証・実証)の範囲である。この範囲における誤りは、誤りなのだと見なされる。

ところが、教育は個人の思考を重視する。その観点で見ると、誤りの程度・方向・質とでもいう概念を作り、その基準で個々の場合の誤りを評価すべきではないのか。

どんな類いの誤りであっても、誤りでさえあれば、ドグマの要件である(3の)誤りであるのか。

Oxford Dictionary of Philosophy (1994)は、"dogma"を次のように言う。(p.104)

In general, a belief held unquestioningly and with undefended certainty.

つまり、疑われることなく信じられている状態であり、信じられている内容の確実性は防衛(保証)されていないのである。

「信じる」(「信念」)にもいろいろな程度が有る。また、確実性(centainty)とその防衛力の程度もいろいろである。

例えば、私は「富士山は海抜四千メートルだ。」という信念を持っている。この信念は、正しいのか。ヒマラヤなみに「七千メートルだ。」と思うのよりは正しい。また、「なぜ、海抜四千メートル(あるいは、より正確に三七七六メートルでも同じことだが)と言えるのか。」と問われると、その防衛はかなり頼りない。私は、富士山の高さを自分で測量したわけではないし、測量の方法も知らない。手元の地図帳にそう書いてあるから、信じているだけのことである。疑おうとも反省しようとも思わない受け売りである。この状態の信念はドグマか?

(belief と日本語の「信念」とは、意味が重なっている範囲も有るが、ずれていて重ならない範囲もある。belief は「思っていること」「観念」くらいのゆるさの程度に訳した方がいいことが多い。convicton が、もっと厳しい「確信」「信仰」「信念」だろう。)

たいていの現代人が持っている知識の大部分は、このような受け売りである。理由・原因など知らない。結論的部分だけ借りて疑おうとはしない。

これは当然・自然である。「何ごとも自ら疑い探究し確かめよ。」などと命じられたら、生活していけない。例えば、私の机上の電話の数字ボタンを押すと、なぜ相手の電話のベルが鳴るのかを私は知らない。説明できない。「ボタンを押すと通ずる。」と信じて暮している。これはドグマの状態か?

「ドグマ」という語は、学問研究のための用語として使い得るのか? 要するに、「誤謬」・「虚偽」・「誤り」、つまり"fallacy"と言えば済むのではないか？　それを、相手を悪く見せるために、つまり感情的効果のために「ドグマ」と罵っているだけではないのか？

belief の動詞形は believe である。かりに「信ずる」（あるいは「思う」）と訳しておく。このような心理用語を使うのが、議論の混乱のもとなのである。信ずるのは、個人の心の働きである。信ずる程度・方向はいろいろである。

例えば、オウム真理教である。最終戦争である「ハルマゲドン」や殺してやった方が幸福にさせられるという「ポア」の教えや、教祖は念力（？）で座ったまま空中に飛び上り得るなどという教えは、ドグマか？　「ドグマは belief である。」という定義により、文章の形での（命題の連なりとして書かれた）教えそのものは、ドグマではない。〈信じる〉という心理状態においてはじめてドグマになるのである。

だから、オウム真理教のドグマは、どこに有るのだろうか？

この問いは、教育研究にどう関わるか？

ドグマは、右のような教え(教義)を無反省に信じているという個人の心理において有るのである。信じていないものの心理には無い。また、各人の心理を通じて、ドグマ性の程度(反省欠如の程度)は様ざまである。

宗教運動(もちろん他の各種の社会運動も)において、全構成員が心を一つにして火の玉のように燃えているという状態を思い描くのは、ナイーヴ(無邪気)な幻想だろう。何らかの義理で入っている者もいる。(オウム真理教のように)逃げるとひどい目にあうという恐怖で入っている者もいる。何か物質的・経済的利益が有るから入っている者もいる。自覚的で情熱に燃えている中心的構成員はわずかであり、下部の大衆信者の思いは様ざまである。(たいていの運動は、程度の差はあれ、そんなものであろう。)

この場合、ドグマはどこに有るのか。反省無く信じ込んでいる首脳部の頭の中には、ドグマが有るのかもしれない。しかし、他の動機で信者になっている形をとっている者には(定義により)ドグマは無いことになる。

つまり、思想運動における〈ドグマ〉とは、個々の構成員の心理状態は捨象し無視して、構成員総体の模型を抽象的に構想した時にはじめて成り立つ純化された概念である。だから、実際にある運動の〈ドグマ〉を論ずる場合には、目を低くして個々の構成員の心理状態にまで戻って見なければならない。

つまり、「鳥の目」で高くから見た時の〈ドグマ〉、目を低くして細部を見る「虫の目」の〈ドグマ〉を相互に補完させて論じなければならない。

右の〈ドグマ〉論は、教育研究の方法論を示唆しているのではないか？（既にオウム真理教という思想を論じていたのだから、当然、教育思想に関係が有るはずである。）

若い頃、私はアメリカのいわゆる「進歩主義教育」を研究したかった。しかし、進歩主義教育というものは、どこに有るのか。様ざまな人が、自分の頭の中に様ざまな考えを持ち、様ざまな実践をする。この多様さの中で進歩主義教育というものは、どこに有るのか。

詳細に見ると、「多様」とは「相互矛盾」「対立」を含むものだということがわかってくる。観念・言葉・実践（行為）の三層において、様ざまに実践者は異なり、対立する。このような多様を貫いて〈進歩主義教育〉というものを把握するのは、困難である。

留学先のミネソタ大学での師であったロバート・ベック（Robert Beck）教授は、私が"the progressive education movement"と言うと、すぐ"the progressive movement in education"と直した。つ

まり、教授は教育だけではない社会全般の変化である「進歩主義運動」がより大きな文脈であり、教育における改革は、その一部分として現れたものだと言いたいのである。(教授は、このような見方での進歩主義教育思想研究の第一人者であった。他の教員も、教授は the authority だと言っていた。)

このように思考の範囲を拡げると、なおさら、進歩主義教育とはどこに有ったものなのかが把握しにくくなる。多様な差違・矛盾を含み広く拡っていて輪郭はぼやけている範囲の観念・言葉・実践なのである。

あれから五十年経った。

私は最近の著書『教育哲学』(東信堂、二〇一一年)では、次のように書いた。(九四—九五ページ)

> 教育思想は、(現状のように)単なる祖述・紹介という受け売りである場合も、自分の作った思想である場合も、教育哲学ではない。
>
> 両者は峻別されるべきである。
>
> 哲学の生命は、疑い・批判である。自分自身の思考に対してでさえ、疑い・批判を加えるべきなのである。例えば、自ら次のように考えるのである。「待てよ。」「いや、これは間違っているか

も知れない。」「ここから先の論理は不確実な推論になる。それをそのまま、わかっているかのように述べるのは、はったりだ。」

思想は、だれでもが持ち得る。それは、社会的・心理的現象であり、学問ではない。学問の研究対象である。教育哲学の研究対象である。

〈病人〉という現象自体は学問ではない。医学ではない。医学の研究対象である。

また、〈病人〉という現象を研究する学問は医学だけではない。心理学も諸社会科学（医療政策を研究する諸学問）も〈病人〉を研究する。

教育哲学は教育思想を研究する。しかし、他の諸学問も、教育思想を研究する。（例えば、知識社会学であり、教育史学である。その思想の内容・機能により、他の社会・人文諸科学も加わる。）


この理論によると、「ドグマ」の位置づけは、どう論じられることになるか？

Ⅳ

以下、小笠原氏の「配布資料」から引用しつつ論じる（原文は横書である。）

子どもたちには豊かな実際的な経験すなわち体験が必要である。コトバを教師から一的に教え込んではならない。子どもたち自らの力で、あらかじめ経験によって形成された観念とコトバとを結びつける時に真の理解となる。教育の世界では、このように信じられてきた。本発表では、これを批判する。社会的道具であるコトバのつかい方は、学校教育の場でいえば教師によって示されなくてはならない。子どもたちの豊かな経験と協同による学び合いによって意味が構成されるなら、コトバを安定してつかうことはできなくなる。そして結果として学習が阻害され、教育の営みそのものも不要・不能になる。コトバの理解においては、経験は先ではなく後である。

氏の論の問題性を読者に見えやすいようにしたい。そのため、まず、この結論的部分を引用した。読者は、右の主張を支持できるか。納得できるか。例えば、経験はコトバより後なのか。小笠原氏の誠実と熱意は疑わない。しかし、やはり、拙著の誤読であろう。これは読者にも前掲の拙著を読んで判断していただきたい。私は、「おれは、そんなこと言っていない。」と心中でつぶやきながら、配布資料を読んだのである。

このように、ことばの意味を知っているのは、どこかでことばと直接経験との結びつきを知っているということなのである。いわば、言いかえられることばの連鎖(あるいは綱の目)は周辺を直接経験に囲まれている。／いや単に「囲まれている」と言うのは、まだ不正確すぎるであろう。(下線発表者、p.72)

つまり、ことばの連鎖は、単に経験に「囲まれている」のではなく、むしろ経験に「支えられている」とでもいうべきであろう。あるいは、正確にいえば、経験の連なりとの対応でことばが連なりとして理解されるというべきであろう。／ことばの意味がわかっているとは、経験とことばとのこのような対応関係があることなのである。だから、ことばのみを知るということはあり得ないことなのである。(下線発表者、傍点原著、P.73)

これは、小笠原氏が拙著から引用したものである。
すぐ、それに続けて、氏は次のように言う。

このように宇佐美は、コトバの意味を知るとは、直接「経験とことばとのこのような対応関係」をつくることなのだという(注2)。しかしこの文章を理解するのに感覚的経験との対応づけは、

> 必要でも十分な条件でもない。なぜならそれには、次のような理由をあげることができるからである(注3)。
>
> 第1に、学問的概念を表す多くのコトバは、感覚的経験によって真となるわけではないことを説明できない。「エネルギー」というのは、実体のない関数概念である(注4)。歴史の「時代」は、あくまで暫定的に決められた議論のための構成概念である。したがって、「経験の連なりとの対応でことばが連なりとして理解される」のではない。
>
> 第2に、コトバはすべて感覚的経験との対応関係をもっているわけではないことを説明できない。この例文中の「でも」「の」「は」といった助詞が対応関係をもたない。(注5)。コトバは命題において意味をもつが、すべての命題が感覚的経験に還元できることなど上記の概念と同様不可能である。
>
> これらのことから、内的感覚的経験と外的音声刺激とを対応づけるのが理解であるというこの主張はなりたたない。まして少し深い理解の場合には、「九州」や「宮崎」といった具体的対象であっても、これらの感覚的経験が必要不可欠であるということにはならない。

これでは、私は納得がいかない。私の書いたことがいろいろな点で小笠原氏流に改作されて、氏の結論に強引に（もちろん故意・作為ではないと信じているが、強引ではある。）持って行かれたと思う。「いろいろな点」とは、次の点である。

1．私は、ことば―経験の関連構造の蓄積という発達的観点で書いていたのだが、氏はそれを読んでくれていない。「蓄積」「組織」「構造」という語は、あの二冊には印刷してある。

2．だから、氏が宇佐美のものと想定しているコトバ論は、独立した語の意味を、やはり一つ一つ独立している感覚的（これも氏が発明して私の論につけ加えた形容である。）経験との関係で問うという、不自然で内容がやせたものに矮小化されている。

3．私は「どこかでことばと直接経験との結びつき」と書いた。この「どこかで」の意味は重い。「一々の場合、指し示し範囲を限定することは出来ないが」ということである。

乳児がベッドにいる。彼はもちろん言葉を話せない。親が言葉をかけても、どこまで理解しているのかはわからない。朝、父親がそばに行くと、にこにこする。ある朝、父親は出勤用のスーツを着て、そばに行った。彼は、それが父親だとはわからない。しばらく顔を見つめて気がつき、にこにこする。

認識において基礎的な内容は〈異同〉である。彼は、言葉では言えないが、異同の認識をしたのである。このように、前の経験と後の経験の連りの中で、何が同じで何が違うかがわかるから、それに乗った（それに対応する）言葉の意味がわかるようになる。例えば、「これでもお父さんだ。」「お父さんの服が違う。」である。もちろん、この一回だけではない。これとは違う形で異同の経験が行われ続け、得られた情報は言葉と組み合わされ蓄積される。この蓄積構造の増大・改造は、ひきつづき行われる。それが成長である。

私は、このような趣旨を書いておいたのだが、小笠原氏には全然読めていない。それどころか、「すべての命題が感覚的経験に還元できることなど……〔略〕……不可能である。」などと、私が言いもしないことを批判している。私は「還元」の可能など主張したか？「内的感覚的経験と外的音声刺激とを対応づけるのが理解であるなどというこの主張」……宇佐美の本のどこにそんな（素朴感覚論的な）ことが書いてあったか？（私に言わせれば、外にあるものは解釈されることになる記号なのであり、単なる刺激ではない。）宇佐美が使っていない語で言いかえるべきではない。

とにかく、もっと引用していただきたい。引用していないことについて、批判は出来ない。「引用無きところ印象はびこる」という金言を味わっていただきたい。氏は印象で書いている。氏には、〈発達〉の観点が無い。だから、先述の「蓄積構造」が読めなかったのだろう。

歴史の「時代」についても、そうである。「時代」が「暫定的に決められた議論のための構成概念」であるかどうかは、ここでは、どうでもいい。特に「構成概念」とは何かについては、関心が有るが、ここでは逸脱的問題(an outside question)である。

前出の私の息子は、私が自分の子どもだった頃の話をしていると、「その時、恐竜はいた?」とか「その時、侍はいた?」などと、たずねた。

「時代」をどう区切るにせよ、歴史の中には、人間(や動物)が存在する。人間がいない歴史などというものが有るか。(地質学的歴史の問題は、ここでは逸脱である。)

恐竜や侍の経験(彼にとっては映像的経験)があるからこそ、そのような生き物・人間が変化するものだということがわかる。

このように時間の流れの中で変化する素材を経験しているからこそ、歴史の変化がわかるのである。変化の仕方・程度の差もわかる。時代区切りをして考えたくなる。(子ども自身が、自分のわかり方をこのように言葉で表現することは出来なくて当然である。)

歴史の中の経験の素材が全くゼロだとしたら、どうして「時代」という概念が出来るのか?

小笠原氏は「構成概念」という語を言うならば、「構成」とはどのようなものかを具体的に説明すべきである。経験において得られる素材無しで、いったい何を「構成」できるのか？「エネルギー」概念も同じことである。発達的には、経験と結びつかなければ、理解できるようにはならない。

氏は、小さい(瞬間的でその場だけの)受動的・感覚的経験しか考えていないらしい。

経験とは(父親に笑いかけるような)行動である。行動の構造が有る。それと言葉の意味との関係において、子どもの思考は進む。この関係は構造として蓄積され改造されつづける。

氏は、「コトバの理解においては、経験は先ではなく後である。」などと、なぜ言えるのか。例えば、正高信男氏の『0歳児がことばを獲得するとき』や『子どもはことばをからだで覚える』(中公新書)を読んで、まだそう言えるか。

右のような発達的・教育的観点を書いておいたのだが、氏は読んでくれなかったようだ。

概念の連関構造、構造内の抽象度による層の分化・累層化の問題が有る。この問題は、『授業にとって『理論』とは何か』(明治図書、一九七八年)に書いた。

また、氏は配布資料でオースティンの言語行為論を援用しているのだが、もう私は本書では対応しなくてもいい。『〈論理〉を教える』(明治図書、二〇〇八年)を見ていただきたい。「この本は語用論に基づく〈論理〉教育の改革の本である。教師と学習者との語用論的思考を育てるための本である。」(同書、３ページ)と私は書いた。

小笠原氏は、私の著書を二冊だけ(しかも、三、四十代に書いたもの二冊だけ)読んでくれたのだろうか。もちろん、それでもいいが、それなら、発表のタイトルをもっと小さくしてもらいたかった。副題の「宇佐美寛の……」は大きすぎる。宇佐美は、三、四十代以降も、発達してきたつもりである。批判対象の書名を示し、「『……』における……」と限定してもらいたかった。

また、クワインやオースティンの援用は急ぎ過ぎである。宇佐美の著書からの引用を拡げ充実させる方が先である。その引用と比較すれば、クワインやオースティンは、ここで宇佐美に対しては使えないということが見えただろう。

要するに、小笠原氏は、宇佐美の虚像を作ってそれを批判したのである。語一つに感覚的経験一つを対応させるだけの単純で低次元な素朴経験主義者・素朴反映論者とでもいう虚像である。引用を十分にすれば、氏の批判は(少なくとも、このままの内容では)成り立たなかっただろう。クワインの論を当てはめることも不可能だということがわかっただろう。

私の方にも、氏が言っていることを誤読・誤解している所が有るかもしれない。前記のように、短時間での口頭発表とそれに伴う配布資料だけという無理な条件では仕方がない。やはり、氏には、十分に引用をして、じっくり詳細に書いた業績をあらためて出していただきたい。

あとがき

この本には、「結論」という部分は無い。それは書けない。

何しろ、この本は「問題集」なのである。**?**を付け、**ゴシック体**で問題を示した。その問題に対する答えが出ていないうちに、論を結ぶわけにはいかない。

教育現実の中には、教育哲学(者)が取り組むべき問題は、たくさん有る。本書では、今まで私が取り組んできた問題の一部のみを示した。どう答えるかは、かなりの部分、読者の思考にゆだねることにした。

だから、問題が存在するという指摘さえする余裕が無かった心残りの問題も多い。

例えば、文章の読み書きにおいて、「事実と意見とを区別せよ。」などという愚劣なナンセンスが広く唱えられている。

これを私はくり返し批判してきた。ここでは、最も短くまとめた形での文章を再録するにとどめる。（宇佐美寛『作文の教育――〈教養教育〉批判――』東信堂、二〇一〇年、八九―九四ページである。）単に他の問題の存在を例示するわけである。

さらに、形式主義者は、「事実と意見を区別せよ。」などという、とんでもないナンセンスを教えようとする。無益・有害な教えである。

文章を読むのにも書くのにも、「事実と意見」を区別すべきだという教えである。

『小学校学習指導要領』(平成二〇年告示)の「国語」・「第5学年及び第6学年」・「2内容」には、次のような箇所が有る。

(1) 書くことの能力を育てるため、次の事項について指導する。

ア ……〔略〕……

イ　……〔略〕……
ウ　事実と感想、意見などとを区別するとともに、目的や意図に応じて簡単に書いたり詳しく書いたりすること。

形式主義者に問う。

右の囲み(枠)内は、事実か意見か感想か。それとも、これら以外の何かか。(「意見など」と言うのだから、これら以外のものが有ると思っているのだろう。)……答えに窮するだろう。

私は、まず次のように答えよう。

「白い紙の上に黒い線や点や円が書かれている。それが事実だ。その事実が有るのだ。」

私のこの答えでは、なぜ悪いのか。

次のような答えも有り得る・「書かれているのは文章だ。文章は文章である。事実でも意見でもない。」

ここまで来ると、形式主義者は、文章と事実・意見との関係を自分で明らかに述べなければならない。その責任がある。ところが、彼らはそういう基本的・原理的問題を考えたことも無いらしい。

コミュニケーションにおいて機能する文章は、ある事実と対応する(あるいは事実を指し示す)ことにおいて、ある意見(発信者つまり書き手の態度・方向性)を示すのである。

私は著書『〈論理〉を教える』(明治図書、二〇〇八年)において、次のように書いた。

かつて、次のように書いた。(『国語教育は言語技術教育である宇佐美寛・問題意識集2』明治図書、二〇〇一年、第7章「『事実(事象)と意見』という迷信」……初出は『月刊国語教育研究』二〇〇〇年七月号)

「今朝は、氷がはっていました。」(例1)……これは事実を述べたものか。それとも意見か。感想か。石油会社の社員の自宅に、ある官庁の職員がかけてきた電話なのである。要するに〈私の家に灯油を届けた方がいい。〉という意味なのである。(これは数年前、その社員から聞いた話である。現在、このような電話はかかっていないことを願う。)

電話の言葉ではなく、文章にそう書かれていたとしても、同じことである。〈私の家に灯油を届けた方がいい。〉と解釈されることになっている「今朝は、氷がはっていました。」は事実か、意見・感想か。

「天は人の上に人を造らず人の下に人を造らずと云へり」（例２）……これは事実か意見・感想か。「と云へり」というのは「と言われているという事実が有る。」ということなのだから、事実である。しかし、読者の関心は、言説の存在という事実に向くのではないだろう。その言説が主張している意見に向くだろう。

「むし暑くていやな天気ですね。」（例３）……これは事実か意見・感想か。本人が「いや」だと感じているという心理的・生理的状態は事実である。本人自身が言うのだから確かな事実である。このような「いや」である状態は、この本人だけではない。たいていの人がそう感じている。どれくらいの割合の人がそう感じているかは、不快指数という事実である。〔同書、七五―七六ページ〕

現実の言語活動（discourse）、換言すれば、コミュニケーションにおいては、言葉は事実を指し示す。この指し示す作用によって、言葉の使い手の持つある方向性を、つまり意見を表す。〔同書、五七―五八ページ〕

また、別のページでは、次のようにも書いていた。

一応、ここでは「『雪が降りつつある。』という言葉は、雪が降りつつあるという事実を指し示している(指示している)。」と直しておこう。

「『雪が降りつつある。』は意見か事実か。」と問うのはまことに愚かなナンセンスである。一匹の犬を示されて、「これは体積か色彩か。」と問うようなカテゴリーまちがい(category-mistake)である。「犬」と「体積」や「色彩」はカテゴリー(意味次元)が違う。「これは犬である。体積でも色彩でもない。犬は体積という性質(属性)、色彩という性質(属性)を持っているのだ。」と答えよう。

体積と色彩とは、選言的(disjunctive)な、つまり二者択一的・相互排斥的な関係ではない。日本の法律では、全ての日本人は男性か女性かである。つまり選言的関係が成り立っている。中間的性や第三の性は、法律上は存在しない。

犬においては、体積と色彩とは、二つとも同時に有るべき性質である。(体積の無い犬や色彩の無い犬などというものが有るか。)

これと同様に、コミュニケーションにおいて使用されている言葉(language in use)は全て事実を示し、同時に意見を示すのである。使用されることによって、事実を示す性質と意見を示す性質との両方を持つのである。（「性質」ではなく「機能」と呼んだ方が正確かもしれない。）

「事実か意見か。」と二者択一的に問うのはカテゴリーまちがいである。（「体積か色彩か。」というのと同様のカテゴリーまちがいである。）

〈同書、三四―三五ページ〉


この「事実と意見の区別」問題については、今までいろいろと相当な量の文章を書いてきた。読んでいただきたい。入手しやすい形にまとまって出版されたものは、次のとおりである。
1．『宇佐美寛・問題意識集2　国語教育は言語技術教育である』（明治図書、二〇〇一年）、特に次の二つの章。「7　『事実（事象）と意見』という迷信」「8　『事実と意見の区別』は迷信である」
2．宇佐美寛『〈論理〉を教える』（明治図書、二〇〇八年）、特に「第二章『事実と意見の区別』というナンセンス――文脈・状況と解釈――」。

右の2の本で、私は次のように書いていた。（同書、六二―六三ページ）

メディア教育や新聞学習を研究・実践している人たちがいる。不思議である。この「事実と意見の区別」という迷信を批判しないままでいいのか。

例えば、新聞は、一面のトップにどんなニュースを持ってくるか、つまりどんな事実を報告するかによって、その新聞の意見を表しているのである。

「事実と意見の区別」というナンセンスを容認するならば、およそマス・コミュニケーションについての学習は成り立たない。

ある国語教育関係者は「アメリカでは、この事実と意見の区別を重視して教えている。」旨のことを私に言った。いわゆる「ではの守(かみ)」のアメリカ頼りの権威主義・事大主義を感じた。もちろん、私も米国の教科書に、それが出ていることは知っている。しかし、それは米国の教育内容が間違っているというだけのことである。米国での言語研究(言語学、記号論、言語哲学等)の進歩は著しいのに、それが教育界に影響していないのが不思議である。

マサチューセッツ大学名誉教授のバーソフは、「事実対意見のような破壊的二元論」を批判して言う。「これは次のように誤った考えを持たせる二元的対立論である。すなわち、事実とは自明なものであり、それをどう記述するかなど考える必要も無い。意見とは単に主観的なものであり、事実とは対立する。このような誤った考えである。」(Ann E. Berthoff: Problem-Dissolving BY Triadic Means, College English, vol.58, No.1, Jan. 1996)

しかし、このような意見が、どこまで学校現場の授業に影響し得ているかは、別途、調査を要する。

形式主義者は、コミュニケーションの実践(実戦)において鍛えられていないから、実践にとっては無効・有害な形式を考えてしまうのである。望んでいる目標を誤った形式に翻訳してしまうのである。

正しい翻訳は(つまり、学生に対する正しい指導は)、「根拠(理由・証拠)は有るか?　何か?」である。根拠が有ることを書こうと努めればいいだけである。「事実と意見の区別」を要求するのは誤った処方である。

根拠の立て方、疑い方(吟味し方)は、重要な問題である。形式主義者の「事実と意見の区別」という誤った処方はこの重要問題を見えなくしてしまう。有害な処方である。

私は、教育現実の諸問題に、このように対処する仕事をほぼ五十年続けてきた。これが教育哲学である。

この「事実と意見」の区別の問題を様ざまに論じても、教育哲学者からは、何の助力・加勢・応援も無かった。批判も無かった。それどころか、彼らは、そのような問題で議論がなされているという事実すら知らなかったのである。私は独りで戦いつづけていたのである。

この問題だけではない。例えば、小学校六年の国語教科書に有った加藤周一「知るということ」という教材の問題である。認識論的な内容なのだが、いろいろな誤りを含む悪教材である。当然、私は批判した。その後、この教材は、教科書から消えた。

この批判を教育哲学者の多くは読んでいない。初出は、『国語教育』誌の論文の形であり、その後『国語科授業における言葉と思考――「言語技術教育」の哲学――』(明治図書、一九九四)に収めた。現在は、『宇佐美寛・問題意識集2　国語教育は言語技術教育である』(明治図書、二〇〇一年)で読み得る。

五十年、私は、このような批判を学会誌にも書いたが、大半は一般誌(例えば『現代教育科学』『授業研究』『国語教育』)に書き、自分の著書にも書いてきた。

要するに、教育哲学者たちは、教育の論文・著書をろくに読んでいない。だから、教育を考えるための材料を持っていないのである。

六十年前、梅根悟教授の「西洋教育史」の授業で習った諺が有る。

「何も出来ない者が教える(教師になる)。」(Those who cannot do anything teach.)

大分昔の諺である。植民地時代(独立以前)のアメリカの諺だったと思う。(この科目では不まじめな学生だったので、よく覚えていない。)要するに、教師の社会的地位が、こう言われるほど、低かった、尊敬されていなかったという授業だった。

その後、何年もたって、米国人の研究者にこの諺の続き(?)を教わった。

「教えることさえ出来ない者が、教育学を研究する。」(Those who cannot even teach study education.)

今、私は、さらにこの続きを言う。苦い思いをこめて。

教育学の研究さえ出来ない者が「教育哲学」を研究する。

教育哲学の前後に付けた「　」に注目してほしい。外国人のサルまねか通訳かの役割しかとり得ない多くの「研究」は教育哲学の名に値しない。あれを教育哲学と呼ぶのは、ひどい僭称(usurpation)である。

教育現実を知ろうとしないで、問題がつかめるか？

教育を研究する仲間として、幼・小・中・高などの大学以外の教師を持っているか？　自分が観察・調査・実験をすることが出来る学校現場を持っているか？　関心がある教育問題についての情報収集(例えばスクラップブック)をしているか？

ある研究会で、若い大学教員から、「教育現実」とは何かという質問が出た。情ない。自分で考えるべきだ。

定義は、人間を離れて定まっているわけではない。自分が「教育現実」と呼びたいものを、そう呼べばいい。そう呼んだ上で、その後の理論展開に責任を持てばいい。

あるいは、「教育現実」という語は要らないと言いたいのか。それならば問う。

私は、いくつも教育哲学者が考えるべき問題を提示したのだ。あれらの問題が見出された場が存在している。その場における事実が問題意識を起こす。

このような「場」を「教育現実」と呼びたくないのならば、それとは違う別の名称を作ってくれればいい。それだけのことである。

とにかく、教育哲学は、教育現実に正対し、そこから問題を得るしかない。外国人の思想の祖述・紹介に逃避してはならない。

特に、若い教育哲学者諸君の自覚と勇気に期待する。

著者紹介

宇佐美　寛（うさみ・ひろし）

略歴

一九三四年　神奈川県横須賀市に生れる。
一九五三年　神奈川県立横須賀高等学校卒業
一九五七年　東京教育大学教育学部教育学科卒業
一九五九年　東京教育大学大学院教育学研究科修士課程修了
一九六〇年―一九六二年　東京教育大学助手
一九六一年―一九六二年　米国、州立ミネソタ大学大学院留学（教育史・教育哲学専攻）
一九六五年　教育学博士（東京教育大学）の学位を取得
一九六七年　千葉大学講師
一九六八年　同、助教授
一九七七年　同、教授（教育方法学講座）
（一九九三年―一九九七年教育学部長）（一九九八年―二〇〇〇年東京学芸大学教授に併任）

二〇〇〇年　停年退官、千葉大学名誉教授

現在、三育学院大学・千葉県立野田看護専門学校等の非常勤講師

なお、左記の大学・機関(順不同)の非常勤講師(客員教授)を務めた。

東京教育大学、九州大学、山梨大学、岩手大学、山形大学、秋田大学、茨城大学、上智大学、立教大学、淑徳大学、早稲田大学、放送大学、千葉敬愛短期大学、東京都立保健科学大学、埼玉県立大学、国立看護大学校、厚生労働省看護研修研究センター、聖母大学。

著書目録

Ⅰ　単独著書

1　『思考・記号・意味――教育研究における「思考」――』誠信書房、一九六八年

2　『思考指導の論理――教育方法における言語主義の批判――』明治図書、一九七三年

3　『「道徳」授業批判』明治図書、一九七四年

4　『ブロンスン・オルコットの教育思想』風間書房、一九七六年

5　『教授方法論批判』明治図書、一九七八年

6 『授業にとって「理論」とは何か』明治図書、一九七八年

7 『論理的思考——論説文の読み書きにおいて——』メヂカルフレンド社、一九七九年

8 『授業の理論をどう作るか』明治図書、一九八三年

9 『「道徳」授業をどうするか』明治図書、一九八四年

10 『国語科授業批判』明治図書、一九八六年

11 『道徳教育』放送大学教育振興会、日本放送出版協会(販売)、一九八七年

12 『教育において「思考」とは何か——思考指導の哲学的分析——』明治図書、一九八七年

13 『読み書きにおける論理的思考』明治図書、一九八九年

14 『新版・論理的思考』メヂカルフレンド社、一九八九年

15 『「道徳」授業に何が出来るか』明治図書、一九八九年

16 『「議論の力」をどう鍛えるか』明治図書、一九九三年

17 『国語科授業における言葉と思考』明治図書、一九九四年

18 『「道徳」授業における言葉と思考——「ジレンマ」授業批判——』明治図書、一九九四年

19 『大学の授業』東信堂、一九九九年

20 『「出口」論争とは何か』(宇佐美寛・問題意識集1)明治図書、二〇〇一年

21 『国語教育は言語技術教育である』（宇佐美寛・問題意識集2）明治図書、二〇〇一年
22 『「分析批評」の再検討』（宇佐美寛・問題意識集3）明治図書、二〇〇一年
23 『「文学教育」批判』（宇佐美寛・問題意識集4）明治図書、二〇〇一年
24 『議論は、なぜ要るのか』（宇佐美寛・問題意識集5）明治図書、二〇〇一年
25 『論理的思考をどう育てるか』（宇佐美寛・問題意識集6）明治図書、二〇〇三年
26 『論理的思考と授業の方法』（宇佐美寛・問題意識集7）明治図書、二〇〇三年
27 『授業をどう構想するか』（宇佐美寛・問題意識集8）明治図書、二〇〇三年
28 『〈実践・運動・研究〉を検証する』（宇佐美寛・問題意識集9）明治図書、二〇〇三年
29 『自分にとって学校はなぜ要るのか』（宇佐美寛・問題意識集10）明治図書、二〇〇三年
30 『大学授業の病理――ＦＤ批判』東信堂、二〇〇四年
31 『「経験」と「思考」を読み解く』（宇佐美寛・問題意識集11）明治図書、二〇〇五年
32 『「価値葛藤」は迷信である――「道徳」授業改革論――』（宇佐美寛・問題意識集12）明治図書、二〇〇五年
33 『「道徳」授業をどう変えるか』（宇佐美寛・問題意識集13）明治図書、二〇〇五年
34 『授業の構想と記号論』（宇佐美寛・問題意識集14）明治図書、二〇〇五年

35 『教育のための記号論的発想』（宇佐美寛・問題意識集15）明治図書、二〇〇五年
36 『授業研究の病理』東信堂、二〇〇五年
37 『大学授業入門』東信堂、二〇〇七年
38 『〈論理〉を教える』明治図書、二〇〇八年
39 『作文の教育――〈教養教育〉批判――』東信堂、二〇一〇年
40 『教育哲学』東信堂、二〇一一年
41 『教育哲学問題集』東信堂、二〇一三年〔本書〕

II 共著

1 『論争・道徳授業』（井上治郎氏との共著）明治図書、一九七七年
2 『「近現代史の授業改革」批判』（池田久美子氏との共著）黎明書房、一九九七年
3 『看護教育の発想』（米田和美氏との共著）看護の科学社、二〇〇三年

III 編著

1 『看護教育の方法I』医学書院、一九八七年

2 『放送大学で何が起こったか』(深谷昌志氏との共編著)黎明書房、一九八九年
3 『〈討論〉言語技術教育』明治図書、一九九一年
4 『看護教育の方法II』医学書院、一九九三年
5 『作文の論理――〈わかる文章〉の仕組み――』東信堂、一九九八年

IV 訳書

1 L. H. ベイリ『自然学習の思想』明治図書、一九七二年(Liberty Hyde Bailey: *The Nature-Study Idea*, 1903)

現住所
千葉県我孫子市根戸六三二―一四 〒二七〇―一一六八

な行

は行

ま行

や行

ら行

わ行

さ行

た行

索　引

教育哲学問題集――教育問題の事例分析

2013年3月10日　　初　版第1刷発行　　〔検印省略〕

*定価はカバーに表示してあります。

著者Ⓒ宇佐美寛／発行者 下田勝司　　印刷・製本／中央精版印刷

東京都文京区向丘 1-20-6　郵便振替 00110-6-37828　発行所

〒113-0023　TEL (03)3818-5521　FAX (03)3818-5514　株式会社 東 信 堂

Published by TOSHINDO PUBLISHING CO., LTD.

1-20-6, Mukougaoka, Bunkyo-ku, Tokyo, 113-0023 Japan

E-mail : tk203444@fsinet.or.jp　http://www.toshindo-pub.com

ISBN978-4-7989-0159-6　C3037　

東信堂

比較教育学事典	日本比較教育学会編	一二〇〇〇円
比較教育学の地平を拓く―多様な学問観と知の協働	山田肖子・森下稔 編著	四六〇〇円
比較教育学―越境のレッスン	馬越徹	三六〇〇円
比較教育学―伝統・挑戦・新しいパラダイムを求めて	M・ブレイ編著 馬越徹・大塚豊監訳	三八〇〇円
世界の外国人学校	福田誠治・末藤美津子 編著	三八〇〇円
多様社会カナダの「国語」教育（カナダの教育3）	関口礼子・浪田克之介 編著	三八〇〇円
国際教育開発の再検討―途上国の基礎教育普及に向けて	小川啓一・西村幹子・北村友人 編著	二四〇〇円
中国教育の文化的基盤	顧明遠著 大塚豊監訳	二九〇〇円
中国大学入試研究―変貌する国家の人材選抜	大塚豊	三六〇〇円
中国高等教育独学試験制度の展開	南部広孝	三二〇〇円
中国の民営高等教育機関―社会ニーズとの対応	鮑威	四六〇〇円
「改革・開放」下中国教育の動態	阿部洋編著	五四〇〇円
中国の職業教育拡大政策―背景・実現過程・帰結	劉文君	五〇四八円
中国の後期中等教育の拡大と経済発展パターン―江蘇省と広東省の比較	呉琦来	三八二七円
中国高等教育の拡大と教育機会の変容	王傑	三九〇〇円
現代中国初中等教育の多様化と教育改革	楠山研	三六〇〇円
ドイツ統一・EU統合とグローバリズム―教育の視点からみたその軌跡と課題	木戸裕	六〇〇〇円
教育における国家原理と市場原理―チリ現代教育史に関する研究	斉藤泰雄	三八〇〇円
中央アジアの教育とグローバリズム	嶺井明子・川野辺敏 編著	三二〇〇円
バングラデシュ農村の初等教育制度受容	日下部達哉	三六〇〇円
オーストラリア学校経営改革の研究―自律的学校経営とアカウンタビリティ	佐藤博志	三八〇〇円
オーストラリアの言語教育政策―多文化主義における「多様性と」「統一性」の揺らぎと共存	青木麻衣子	三八〇〇円
マレーシア青年期女性の進路形成	鴨川明子	四七〇〇円
「郷土」としての台湾―郷土教育の展開にみるアイデンティティの変容	林初梅	四六〇〇円
戦後台湾教育とナショナル・アイデンティティ	山﨑直也	四〇〇〇円

〒113-0023 東京都文京区向丘 1-20-6　TEL 03-3818-5521　FAX03-3818-5514　振替 00110-6-37828
Email tk203444@fsinet.or.jp　URL:http://www.toshindo-pub.com/

※定価：表示価格（本体）＋税

〈未来を拓く人文・社会科学シリーズ〈全17冊・別巻2〉〉

科学技術ガバナンス	城山英明編	一八〇〇円
ボトムアップな人間関係―心理・教育・福祉・環境・社会の12の現場から	サトウタツヤ編	一六〇〇円
高齢社会を生きる―老いる人／看取るシステム	清水哲郎編	一八〇〇円
家族のデザイン	小長谷有紀編	一八〇〇円
水をめぐるガバナンス―日本、アジア、中東、ヨーロッパの現場から	蔵治光一郎編	一八〇〇円
生活者がつくる市場社会	久米郁夫編	一八〇〇円
グローバル・ガバナンスの最前線―現在と過去のあいだ	遠藤乾編	二二〇〇円
資源を見る眼―現場からの分配論	佐藤仁編	二〇〇〇円
これからの教養教育―「カタ」の効用	葛西康徳・鈴木佳秀編	二〇〇〇円
「対テロ戦争」の時代の平和構築―過去からの視点、未来への展望	黒木英充編	一八〇〇円
企業の錯誤／教育の迷走―人材育成の「失われた一〇年」	青島矢一編	一八〇〇円
日本文化の空間学	桑子敏雄編	二二〇〇円
千年持続学の構築	木村武史編	一八〇〇円
多元的共生を求めて―〈市民の社会〉をつくる	宇田川妙子編	一八〇〇円
芸術は何を超えていくのか？	沼野充義編	一八〇〇円
芸術の生まれる場	木下直之編	二〇〇〇円
文学・芸術は何のためにあるのか？	吉岡洋・岡田暁生編	二〇〇〇円
紛争現場からの平和構築―国際刑事司法の役割と課題	城山英明・石田勇治・遠藤乾編	二八〇〇円
〈境界〉の今を生きる	荒川歩・川喜田敦子・谷川竜一・内藤順子・柴田晃芳編	一八〇〇円
日本の未来社会―エネルギー・環境と技術・政策	城山英明・鈴木達治郎・角和昌浩編	二二〇〇円

東信堂

〒113-0023　東京都文京区向丘 1-20-6　TEL 03-3818-5521　FAX03-3818-5514　振替 00110-6-37828
Email tk203444@fsinet.or.jp　URL:http://www.toshindo-pub.com/

※定価：表示価格（本体）＋税